LA PARTICIPA...

DES

INSCRITS MARITIMES

AU DROIT DES ACCIDENTS DU TRAVAIL

OU L'ASSURANCE DES GENS DE MER

Par MM.

Eugène FRON | D. DELEARDE

PARIS

LA PARTICIPATION

DES

INSCRITS MARITIMES

AU DROIT DES ACCIDENTS DU TRAVAIL
OU L'ASSURANCE DES GENS DE MER

PAR MM.

Eugène FRON

Principal Clerc d'Avoué — Avocat
Membre du Comité d'Économie sociale
de l'*Enseignement professionnel et technique
des Pêches maritimes*

D. DELÉARDE

Directeur de la Compagnie d'Assurances
contre les Accidents *La Concorde*
Membre du Conseil d'Administration
de l'*Enseignement professionnel et technique
des Pêches maritimes*

*Rapport fait au nom
de l'Enseignement professionnel et technique des Pêches Maritimes
au Congrès de Cherbourg de l'Association française
pour l'avancement des Sciences (Août 1905)*

Extrait du Bulletin trimestriel de l'Enseignement Professionnel et Technique
des Pêches Maritimes, n⁰ˢ 3 et 4. — (1905)

Secrétaire général : M. Georges HAMON

PARIS
AUGUSTIN CHALLAMEL, Éditeur
17, RUE JACOB, 17
Librairie Maritime et Coloniale

LA PARTICIPATION DES INSCRITS MARITIMES

au droit des accidents du travail

OU

L'ASSURANCE DES GENS DE MER

RAPPORT sur la deuxième question proposée par le Conseil de la Société l' « Enseignement professionnel et technique des Pêches maritimes ».

(Ce rapport a été présenté par MM. Fron et Deléarde au Congrès de l'Association française pour l'avancement des sciences, qui s'est tenu à Cherbourg du 3 au 12 août 1905)

CHAPITRE PREMIER

Historique de l'Assurance des Marins

Dans les premiers jours de juillet 1894, se tenait, à Saint-Malo, le VIII⁰ Congrès international de Sauvetage. L'une des questions qui y furent traitées fut celle de la prévoyance chez les marins, et de l'amélioration de leur situation matérielle et morale. M. G. Hamon, l'honorable et distingué secrétaire général de la Société l'Enseignement professionnel et technique des Pêches maritimes, qui s'était depuis plusieurs années attaché à cette question, donna lecture à ce Congrès d'un rapport fort documenté, dans lequel il examinait la situation faite jusqu'à ce jour aux marins et à la suite duquel fut émis un certain nombre de vœux qui n'ont pas été sans influencer considérablement le courant d'opinion qui s'est fait, depuis cette époque, en faveur des marins (1).

« La situation naturelle et géographique de la France en ferait un pays essentiellement maritime si l'attention de son gouvernement n'était partagée entre le littoral et les frontières Nord-Est, Est et

---

(1) Voir le rapport de M. G. Hamon, publié *in extenso*, par la Société des Hospitalière-Sauveteurs Bretons, 7, rue de l'Horloge, à Rennes. Compte rendu du Congrès de Saint-Malo, juillet 1894.

Sud-Est. Pour sauvegarder l'intégrité du territoire, dit M. Hamon dans son rapport, une immense armée, composée d'hommes recrutés dans les départements terriens, est massée sur les Vosges et sur les Alpes; pour garder nos côtes et nos colonies, le contingent militaire est tiré de la population du littoral qui vit des produits de la pêche et de laquelle on tire les inscrits maritimes, c'est-à-dire une classe spéciale de citoyens que la loi nomme gardienne de nos côtes qui est constamment dépendante de l'Administration de la Marine et placée sous l'autorité directe de ses Commissaires. »

Le marin, souvent absent, toujours absorbé au pays des étoiles, a été celui des travailleurs pour lequel il a été le moins fait. Sa situation cependant est aussi importante et, par suite, aussi intéressante que celle des autres ouvriers, mais il ne savait pas ce qui pourrait améliorer son sort, et il n'avait rien fait pour le savoir. Son existence est aussi mobile que les flots qui le portent, et comme le faisait remarquer poétiquement M. G. Hamon dans son rapport : « Le « marin est fils de pêcheur et marin de l'Etat; son temps actif terminé, il redevient pêcheur comme son père; puis, comme son « père, à cinquante-cinq ans d'âge, il touchera, s'il a 300 mois de « navigation accomplis, la minime pension qui l'attend dans les « coffres de la Caisse des Invalides de la Marine. »

Et pendant de longues années, le marin s'est contenté de cette situation.

On peut cependant se rendre compte que l'industrie terrestre donne des profits bien plus rémunérateurs pour permettre aux ouvriers terriens d'économiser et de s'assurer un petit capital pour leurs vieux jours, ou un léger patrimoine pour leurs enfants. Bien au contraire, le marin, cet ouvrier de la mer, qu'il se livre à la pêche ou qu'il serve à bord d'un navire de commerce, ne peut même pas songer, dans les conditions actuelles de salaire ou de bénéfice sur la pêche, à prélever sur ses gains, une somme, si minime soit-elle, pour l'assurance à quelque société que ce soit ou pour la retraite, en dehors du prélèvement obligatoire que lui impose la pension de la Caisse de la Marine; ou enfin pour la maladie ou l'accident, en dehors de ce qui peut lui être accordé par la Caisse de prévoyance créée par la loi de 1898 (1).

---

(1) Nous renvoyons sur tous ces points aux conférences nombreuses faites par M. G. Hamon, en 1888, à Paris, sous la présidence de M. Charles Benoist; en 1889, à Paris, sous la présidence de S. A. S. le prince de Monaco; en 1890, à Toulon, sous la présidence de M. Lisbonne; en 1894, à Saint-Malo, sous la présidence de M. le vice-amiral Ch. Duperré; en 1896, aux Sables-d'Olonne, sous la présidence de M. Edmond Perrier.

Depuis l'époque de Colbert jusqu'au 21 avril 1898, les marins ont vécu sous une loi à peu près uniforme ; ils étaient régis par l'ordonnance de 1682, qui avait créé la « Caisse des Invalides de la Marine. »

Essentiellement démocratique, cette Caisse, seulement destinée aux matelots, a subi en 1791, par l'Assemblée Constituante et sous l'Empire, en 1811, diverses modifications qui l'ont réduite à l'état de Caisse des retraites prélevant annuellement 3 0/0 sur le salaire des marins et leur donnant, en échange, une pension contre trois cents mois de navigation de mer. C'est ce qui permit à M. Le Cour-Grandmaison, député, de dire dans une étude remarquable qui lut, en 1892, publiée par la *Réforme Sociale* : « La Caisse des Invalides « est une tontine perpétuelle où depuis deux siècles des millions de « marins sont venus déposer leur épargne et la léguer aux survi- « vants ».

Les marins, lorsqu'ils sont atteints de maladie ou d'accidents au service du navire sur lequel ils sont engagés, sont soumis à l'article 262 du Code de commerce (qui n'est que la reproduction d'une partie de l'ordonnance de Colbert, plus haut rappelée et qui, pouvons-nous dire, fut la première application du *risque professionnel*), modifié par la loi du 12 août 1885 et aux termes duquel : « Le matelot est « payé de ses loyers, traité et pansé aux frais du navire, s'il tombe « malade pendant le voyage ou s'il est blessé au service du navire ; « toutefois, le capitaine peut se libérer de tous frais de traitement « ou de rapatriement, en versant entre les mains de l'autorité une « somme à déterminer d'après un tarif qui sera arrêté par un règle- « ment d'administration publique, lequel devra être révisé tous les « trois ans.

« Les loyers du matelot laissé à terre lui sont payés jusqu'à ce « qu'il ait contracté un nouvel engagement ou qu'il ait été rapatrié. « S'il a été rapatrié avant son rétablissement il est payé de ses « loyers jusqu'à ce qu'il ait été rétabli. »

Il résulte des termes de cet article que le matelot malade ou blessé à bord ou au service du navire, reçoit, en vertu de cet article du Code, d'une part, les soins médicaux que nécessitait son état, et que, d'autre part, il touche ses loyers jusqu'à son rétablissement ou, tout au moins, pendant une période de quatre mois au maximum. Telle est la loi.

Est-elle appliquée dans sa rigueur ? Oui, pour les marins attachés à la marine marchande, mais très rarement, sinon jamais, pour les pêcheurs. Comment les petits patrons, propriétaires de petites

barques, pourraient-ils supporter des charges aussi lourdes ? Ils ont
à peine de quoi vivre, eux et leur famille ! Aussi, la plupart du temps
cette règle de l'article 262 du Code de Commerce n'est pas appliquée,
et le malade ou le blessé se retourne vers la Caisse des Invalides
qui lui accorde sa pension de *demi-solde* s'il réunit les conditions
requises, ou un *secours* dit *d'urgence*, dans le cas contraire.

Pour que l'inscrit puisse réclamer sa pension entière, il faut qu'il
ait accompli, depuis l'âge de 16 ans, *25 ans (300 mois) de services*
dans une carrière civile ou militaire de l'Etat, ou sur les bâtiments
de commerce ou de pêche, et, d'autre part, qu'il soit âgé de *50 ans
révolus.*

Toutefois, dans le cas d'infirmités évidentes le mettant dans l'impossibilité absolue de naviguer, et après constatation de son état
par une Commission médicale qui se réunit chaque année, au chef
lieu de canton, il peut obtenir la liquidation de cette pension avant
d'avoir réuni la totalité de ses 300 mois de services.

Il lui est aussi accordé par la Caisse des Invalides, un *secours renouvelable* tous les deux ans, et exceptionnellement tous les ans, ou
des secours spéciaux. Les secours renouvelables peuvent être accordés
aux anciens marins, à leurs veuves, orphelins ou ascendants qui se
trouvent dans le besoin, sur la proposition de l'inscription maritime ; les secours spéciaux sont accordés aux victimes d'accidents
de mer ou de naufrages, qui sont divisés, sous ce rapport, en quatre
catégories :

1° Marins qui, à la suite d'un naufrage ou tout autre accident de
mer se trouvent *pour toujours* dans l'impossibilité de naviguer,
frappés d'une *incapacité définitive* de travail. Ils ont droit à un secours
de 100 fr. renouvelable.

2° Marins qui sont frappés, dans les mêmes conditions que ci-dessus, d'une *incapacité momentanée* de travail. Ils reçoivent un secours
variable, minime, mais qui peut être renouvelé.

3° Marins qui ont subi dans un naufrage ou tout autre accident
de mer, des pertes d'effets ou d'objets personnels. Ils reçoivent un
secours non renouvelable, basé sur l'importance des pertes.

4° Veuves, ascendants ou orphelins de moins de 16 ans, nés de
marins péris dans un naufrage ou tout autre accident de mer. Ils
reçoivent, aussitôt après l'événement, un secours une fois payé qui
s'élève, pour les veuves ou ascendants, à 100 fr. ; pour les orphelins,
à 40 fr.

Ces secours, on le voit, sont bien mesquins à côté de la détresse
qu'amène un malheur dans la famille des marins. Le père parti ou

blessé, c'est le gagne-pain perdu ou incidemment amoindri et réduit ; la famille se trouvera dans une misère d'autant plus grande que le père est plus atteint.

Le marin a toujours le droit, il est vrai, d'invoquer l'article 1382 du Code civil, mais ce droit est bien précaire, car il lui faut prouver la faute de l'armateur ou du patron, et cette preuve est, la plupart du temps, sinon impossible, du moins très difficile à rapporter.

Heureux alors ceux qui ont eu la précaution de s'attacher à une Société de secours mutuels ou à une Compagnie d'assurances et qui, par un léger sacrifice journalier, ont su se prémunir contre l'avenir ! Et encore, ceux seuls qui en ont eu besoin, peuvent dire combien sont faibles les ressources de ces Sociétés de secours mutuels, dont la plupart des membres viennent, à tour de rôle, réclamer des secours. Les sommes qu'elles versent à leurs membres ou à leur famille sont insignifiantes.

Nous possédons, en effet, sur le littoral, une ceinture de Sociétés dues à la philanthropie, à l'initiative privée, à l'esprit de prévoyance ou à la charité. Quelques-unes ont leur centre à Paris (1).

Signalons la première, fondée en 1879 par un assureur, M. Alfred de Courcy : *la Société de secours aux familles des marins français naufragés.*

Viennent ensuite diverses Sociétés de secours ou de prévoyance qui vivent modestement et difficilement à l'aide de minimes cotisations, de faibles dons et de quelques fêtes de temps à autre ; elles accordent des secours aux naufragés, aux orphelins, ce sont des œuvres d'ordre privé sur lesquelles les commissariats de la Marine n'ont qu'une autorité morale.

A côté de ces Sociétés ou caisses de secours et de prévoyance, dont la tâche est si grande, mais que les durs événements du métier de marin rendent si pénibles, parfois même stériles, il convient de placer les Sociétés de sauvetage dont les principales, celles qui ont des rapports avec les Sauveteurs de la mer, avec ceux de la terre, celles qui glorifient les actes courageux, sont : la Société centrale de sauvetage, la Société française de sauvetage, la Société des Sauveteurs de la Seine et la Société des Sauveteurs bretons, bien connue sur les côtes de Bretagne.

Enfin, le risque maritime a attiré également le capital.

Plusieurs Compagnies d'assurances à primes fixes, ont essayé de

---

(1) Voir sur ce point : *Histoire générale de l'assurance en France et à l'étranger*, par M. G. Hamon, page 240 et suivantes.

garantir les accidents de toutes sortes arrivés aux marins, mais leur acte de décès a suivi de près leur acte de naissance. La tâche était bien ingrate, car le marin, plus que l'ouvrier, est réfractaire à l'idée de l'épargne. Il faut, en effet, le dire, le marin n'aime pas à verser de son gain dans un but de prévoyance ; ses raisons sont person- nelles et spécieuses. De même qu'il ne veut pas apprendre à nager, car, d'après lui, il lui sera impossible de se sauver à la nage pendant une tempête, de même, en ce qui touche la prévoyance, il craint, s'il amasse de l'argent, que sa femme ne se remarie après sa mort, et ne gaspille avec un second mari l'argent qu'il a amassé en épar- gnant ; il préfère vivre gaiement quand il est à terre. Heureusement cet état d'esprit s'est considérablement amélioré par le contact des voyageurs qui viennent s'installer chaque année sur les côtes, en villégiature, et le marin comprend mieux maintenant l'avantage et l'intérêt de l'épargne et de la prévoyance.

Autorisé par décret impérial du 15 novembre 1865, la Société anonyme la *Sécurité générale* avait entrepris l'assurance du marin ; elle n'avait pas réussi, et avait dû cesser ses opérations vis-à-vis des marins ; elle les a reprises, mais seulement en ce qui concerne l'assu- rance du risque professionnel et paraît réussir aujourd'hui. Ce qui prouve une fois de plus combien est lourde et difficile l'assurance du marin.

Quelque temps plus tard, la Compagnie l'*Etoile de la mer* fut auto- risée par décret du 1ᵉʳ novembre 1871. Elle était, à ses débuts, encouragée par l'Etat. M. le Ministre de la Marine avait adressé une lettre confidentielle (1) à MM. les commissaires de l'inscription afin qu'ils provoquent le consentement à l'assurance dans les milieux de pêcheurs et des armateurs.

La Compagnie avait employé d'autres moyens pour amener à elle les adhérents ; outre les bals, fêtes, etc., qu'elle faisait organiser par des femmes, ses courtières dans chaque port ou station, elle s'était entendue avec la Société centrale de sauvetage pour accorder une assurance de 500 francs à chaque sauveteur victorieux des éléments et revenu à terre avec la victime arrachée aux flots et vivante.

C'était, on le voit, bien organisé. Malgré cela, l'*Etoile de la Mer* n'a pas eu tout le succès qu'elle attendait, et après d'honorables

(1) Voir le texte de cette lettre, *Histoire générale de l'assurance en France*, par M. G. Hamon, pages 251 et 252.

années écoulées, elle a dû abandonner en chemin l'assurance du marin comme étant impossible à effectuer.

Nous devons mentionner encore la tentative faite par M. Collet. Ce dernier était persuadé qu'il fallait créer des Sociétés nouvelles partout où il n'en existait pas et les relier à un centre mutuel social.

En appliquant ce système, toutes les Sociétés du Nord, ainsi que celles du Midi, devaient verser chaque année à ce centre mutuel, une somme même inférieure à celle qui représentait leur moyenne de risques, et ce centre mutuel leur devait donner chaque année, à son tour, les sommes nécessaires pour payer les indemnités dues aux sinistrés. Pour obtenir ce résultat, il fallait fonder une Société reliant entre elles toutes les Caisses de secours du littoral et assurant individuellement les marins par l'intermédiaire de l'armateur. Ce but semblait atteint par la création de la Société l'*Assurance mutuelle des marins*. Mais M. Collet ne réussit pas, aucun concours ne lui ayant été apporté.

M. Collet avait sans doute puisé son idée dans le fonctionnement d'un système inauguré par le fondateur d'une Société anonyme, nommée la *Garantie générale*, centre commun, banque de cinquante mutuelles, incendie, grêle et bétail, disséminées un peu partout en France, mais possédant chacune leur autonomie et un conseil d'administration composé des autorités du pays. Moyennant une quote-part sur les affaires, ces Sociétés recevaient la garantie de la *Garantie générale*, bien dénommée, qui acceptait au besoin la réassurance des risques dont elles avaient dépassé le plein.

Cette idée de M. Roussel appliquée aux risques terriens, puis de M. Collet en faveur du marin, est une des plus fertiles en ingéniosité qui se soit jamais rencontrée. Malheureusement, aujourd'hui, il ne reste que le souvenir de ces institutions, de ces tentatives, de ces idées.

C'est seulement en 1875 que l'on commença à s'occuper législativement de la situation des marins et notamment des marins pêcheurs.

Ceux qui s'intéressent à cette catégorie de travailleurs déposèrent une proposition de loi tendant à faire admettre les marins à contracter des assurances à la Caisse nationale, créée le 11 juillet 1868, pour assurer les risques des travaux industriels et agricoles, et qui est gérée par la Caisse des Consignations. Cette proposition fut repoussée, parce qu'on craignit, à cette époque, que l'assurance des marins, qui entraînait le payement des risques très graves et fréquents de cette profession, n'amenât l'épuisement rapide des ressources de la Caisse.

M. Cordier montait à la tribune du Sénat, au moment où l'on discutait l'un des premiers projets de loi sur le risque professionnel, c'est-à-dire sur l'assurance contre les accidents du travail, et conjurait ses collègues de venir en aide aux marins, de préparer en leur faveur une loi d'assistance.

M. Farcy demandait, à son tour, aux députés, une loi ayant pour objet d'assurer une pension au sauveteur marin, victime de son dévouement, à sa veuve ou à ses orphelins.

En 1880, M. Félix Faure, qui s'était occupé beaucoup des marins, fit à la Chambre un discours très remarqué, à l'époque, sur la marine marchande.

En 1888, M. Le Cour-Grandmaison demandait que les marins fussent compris dans le bénéfice de la loi sur les risques professionnels.

En 1889, M. Félix Faure déposait sur le bureau de la Chambre, une proposition de loi tendant à rendre applicable aux marins du commerce, les dispositions du projet de loi adopté alors par la Chambre des députés, et concernant la responsabilité des accidents dont les ouvriers sont victimes dans leur travail. Le projet de M. Félix Faure, qui avait été préparé avec la collaboration de M. G. Hamon, et établi sur des bases d'assurances, jadis mises en vigueur par des Compagnies spéciales qui avaient tenté d'assurer les marins, présentait d'excellents éléments, mais donnait prise à la critique, en ce sens qu'il était impossible de recourir à l'Etat pour pratiquer l'assurance ; ce projet imposait, d'autre part, une trop lourde charge à l'armateur qui, pour éviter la loi, aurait pu armer sous pavillon étranger.

En 1890, M. Barbey, alors Ministre de la Marine, intervenait auprès de la Commission chargée d'étudier les modifications à apporter à l'Inscription maritime. Il était, paraît-il, question de supprimer l'Inscription et les quelques bénéfices qui s'y rattachent pour la raison que, depuis 1872, ce régime spécial procurait à la population qui pratique la navigation maritime, des avantages excessifs. M. Barbey obtint, à cette époque, le maintien de l'Inscription maritime.

Vers la même époque, M. Adrien Liais, député de Cherbourg, réclamait à la tribune qu'on ajoutât à la loi sur les accidents du travail, alors en discussion, un article comprenant le travail maritime. Son amendement a été repoussé.

L'honorable député s'étonnait déjà de voir nos marins divisés en deux catégories : les uns jouissant du bénéfice de la loi, les autres s'en trouvant exclus. Il ne comprenait pas pourquoi les marins des paquebots, blessés dans leur travail, auraient pu recevoir l'indemnité légale et les matelots de pêche n'y auraient pas participé. (Il n'était pas encore question de la loi devenue plus tard celle du 21 avril 1898!) Et il déclarait que si l'un avait bien plutôt besoin d'être secouru, ce serait le marin-pêcheur.

Il prévoyait déjà, avec le texte qui venait d'être voté, les difficultés qui allaient s'élever pour les différentes catégories de matelots dans l'application des deux lois des 9 et 21 avril 1898.

Enfin, en 1894, M. de Montfort, déposa un projet de loi précédé d'un rapport très documenté, dans lequel il met en balance les charges de l'armateur, celles de l'Etat et celles de l'initiative privée ; et il constate que les efforts de la charité privée, et notamment de la Société de secours aux familles et marins français naufragés, la Société centrale de sauvetage, la Société des Hospitaliers-Sauveteurs bretons sont au-dessus de tout éloge ; mais il déclare que la charité n'est pas de la prévoyance, ni de la prévention ; qu'il faut remplacer l'aumône par le droit, et il propose une combinaison qui ajoutait les sacrifices à faire par l'Etat à ceux que fait la Caisse des Invalides et qui assurait aux marins une situation fort améliorée.

Cette combinaison avait le tort d'être trop onéreuse pour l'armateur, et l'Etat en même temps.

Après lui, M. Burdeau, ancien ministre des Finances, proposait de concéder une retraite proportionnelle aux quartiers-maîtres des équipages de la flotte réunissant 15 ans de services ; M. Gendre proposait la création d'une retraite proportionnelle en faveur des inscrits maritimes ayant moins de 25 ou 30 ans de services accomplis.

M. l'abbé Lemire proposait d'abandonner aux pêcheurs certains terrains communaux, les terres rapportées par la mer, qu'on pourrait protéger par une digue, etc.

En 1894, M. de Kerjégu fit paraître un rapport sur l'Inscription maritime.

En 1895, M. Jacquemin déposa un rapport sommaire sur la proposition de loi de M. Ernest Roche ayant pour but d'épargner, dans la mesure du possible, la vie des pêcheurs d'Islande en reculant la date des départs au 1er avril, et d'assurer aux veuves et aux orphelins des marins décédés en cours de voyage, une pension qui les mette à l'abri de la mendicité.

Enfin, en 1896, M. Ricard, Ministre de la justice, annonça au cours de la discussion de la loi sur les accidents du travail, que prochainement paraîtrait un projet de loi d'assurance sur les marins.

Mais toutes ces propositions n'aboutirent pas, et facilitèrent seulement le travail qui avait été entrepris par le ministère de la Marine.

En effet, pendant ce temps, le ministère de la Marine ne restait pas inactif ; dès 1891, il avait chargé le Comité consultatif des Pêches maritimes de lui préparer une étude de la question, et sur la demande qui lui avait été adressée par M. Emile Cacheux, notre si dévoué fondateur et président honoraire, M. le Ministre de la Marine lui adressait, le 21 mai 1892, la lettre dans laquelle je relève les passages suivants :

« Monsieur,

« Vous m'avez écrit, le 28 avril dernier, pour me demander com-
« munication des instructions que j'ai adressées aux autorités
« maritimes en vue de provoquer la création d'institutions de pré-
« voyance à l'usage des marins. J'ai l'honneur de vous faire con-
« naître que les instructions émises à cette intention par mon
« département consistent dans des recommandations sommaires
« contenues dans diverses circulaires de mes prédécesseurs, des-
« quelles je puis vous indiquer la substance... (Le ministre rappelle
« ici ces différentes circulaires, et il termine en disant :) Enfin,
« actuellement, j'ai confié au Comité consultatif des Pêches mari-
« times l'étude de l'organisation de Sociétés d'assurances mutuelles
« entre marins de toutes les catégories. Le Comité, j'en ai été
« informé, a déjà réuni une quantité très considérable de renseigne-
« ments sur le fonctionnement des institutions analogues existant à
« l'étranger. Le rapport qui va m'être adressé sans doute prochaine-
« ment, et qui sera publié au *Journal officiel*, constituera un docu-
« ment d'un très sérieux intérêt sur l'état de la question... (1) »

Le ministre avait tenu parole et le 2 juin 1892 paraissait un rapport de M. Berthoule, membre du Comité consultatif des Pêches
maritimes, dont le président était M. Gerville-Réache.
Ce rapport a été analysé avec grand soin par M. Hamon au Congrès de Saint-Malo en 1894 (2). M. Berthoule, qui a fait l'historique

(1) Rapport de M. Hamon, au Congrès de Saint-Malo, précité, pages 75 et 76.
(2) *Ibidem* pages 76-80.

de la question, a exposé nettement la condition sociale du marin et le rôle de la Société à son égard; il constate que la charité et les ressources budgétaires sont aléatoires, insuffisantes d'ailleurs pour secourir tous les maux, toutes les misères, et il affirme qu'il faut qu'une orientation nouvelle intervienne. Cette orientation, il la trouve, elle consiste *à demander aux marins d'être leurs premiers protecteurs*. Mais, comme il reconnaît dans l'exposé historique de la question que le marin est resté réfractaire aux conseils de mutualité et de prévoyance qui lui étaient donnés, et que les marins d'un certain nombre de quartiers avaient refusé de répondre aux sollicitations des Commissaires qui les avaient incités à la prévoyance, il pense que la mutualité obligatoire est le seul moyen de trancher la question; cette institution entraînerait avec elle la reconstitution de la Caisse des Invalides de la Marine.

La conclusion du rapport de M. Berthoule est donc : d'une part, assurance mutuelle obligatoire de tous les inscrits dès l'âge de 10 ans, avec cotisation variable; de l'autre, réorganisation de la Caisse des Invalides.

En 1894, le Comité déposait un nouveau projet de loi instituant une Caisse d'assurances mutuelles entre les marins français, et précédée d'un second rapport de M. Berthoule, mais l'œuvre du Comité s'est transformée. Au lieu d'instituer des Associations mutuelles par arrondissement maritime et d'en créer deux catégories, dont une pour les pertes de matériel, ainsi qu'il le proposait en 1892, le Comité renonce à l'assurance du matériel comme étant reconnue impraticable en certaines conditions et se renferme seulement dans l'assurance des inscrits contre les risques de leurs professions les atteignant dans leur santé et dans leur vie.

L'institution projetée par le Comité des Pêches, ayant une affinité évidente avec la Caisse des Invalides de la Marine, devant avoir une même gestion, posséder les mêmes fonctionnaires, le ministre de la Marine, en novembre 1904, en a saisi la Commission supérieure de l'établissement des Invalides. Celle-ci se constitua en Comité d'études, reprit l'œuvre du Comité consultatif des Pêches, et dans un rapport daté du 6 février 1896, prépara un projet ayant le double caractère de l'assurance obligatoire et d'une institution d'État. Afin de mettre l'équilibre entre les charges et les ressources, le projet faisait contribuer à la fois le marin et l'armateur pour une cotisation égale, établie sur les salaires, c'est-à-dire en raison du grade, sans tenir compte des diverses catégories d'inscrits et, par conséquent, des risques courus. La gestion de la Caisse était confiée au Ministre de la Marine avec le concours des agents et fonctionnaires de la Caisse des Invalides.

Entre temps fut créé *le Conseil supérieur de la Marine marchande*, et sa Commission des *gens de mer* fut saisie par le Ministre de la Marine de l'examen d'un projet de loi portant institution d'*une Caisse nationale d'Assurances mutuelles entre les marins français contre les risques et accidents de leur profession.*

Cette Commission adopta, le 16 juin 1897, le projet élaboré par la Commission supérieure de l'Etablissement des Invalides de la Marine avec quelques légères modifications et le soumit au Conseil supérieur de la Marine marchande qui l'accepta, dans sa réunion plénière du 10 décembre 1897. Ce projet fut, par le ministre de la Marine, déposé à la Chambre, le 26 mars 1898, deux mois seulement avant la fin de la législature, fut voté tel quel, sans discussion et sans retouche, par la Chambre et le Sénat, et devint la loi du 21 avril 1898.

Tel est rapporté aussi rapidement que possible, l'historique de la question qui nous occupe. Il était nécessaire de fournir ces détails afin de faire bien comprendre les explications que nous allons donner tout à l'heure. Il aurait été même indispensable d'examiner l'un après l'autre chacun des principaux projets qui avaient été préparés afin d'en connaître l'économie et de pouvoir les comparer aux modifications que l'on propose à la loi actuelle ; mais cet examen dépassait les limites de ce travail.

CHAPITRE II

De l'application qui a été faite de la loi du 21 avril 1898. — Examen de la jurisprudence.

La loi du 21 avril 1898, votée rapidement, sans discussion, fut critiquée dès sa naissance. Elle mécontenta tout le monde, les armateurs et propriétaires de barques d'une part, les marins, d'autre part. Et, cependant, on avait cherché à les contenter tous, mais on n'avait pas assez tenu compte des intérêts de chacun, et l'on avait été trop porté à faire de l'Etat l'assureur général.

En effet, dès le 1er janvier de l'année 1899, date à laquelle la loi a commencé à être applicable, tous nos marins inscrits, par conséquent français, tant en France qu'aux colonies, ont été assurés contre les risques et accidents de leur profession. Ainsi l'Etat a pris la place de l'initiative privée ; toutes les observations qui avaient été présentées par ceux qui s'intéressent à la question, et particulièrement par l'honorable M G. Hamon, directeur du journal l'*Assurance moderne* et secrétaire général de la Société l'*Enseignement professionnel et technique des Pêches maritimes*, depuis une quinzaine d'années, tant dans les Congrès internationaux d'accidents de travail, de sauvetage et de pêches maritimes, que dans ses travaux personnels, dans les Commissions, dans son journal même, toutes ces observations, si justifiées cependant, n'ont pas été écoutées; elles n'ont pu empêcher l'envahissement de la protection de l'Etat dans la sauvegarde des intérêts de nos marins.

Est-ce pour leur avantage ?. L'avenir seul le dira. Il est cependant permis de constater que des combinaisons avaient été présentées par des compagnies d'assurances, et notamment par une puissante compagnie, qui donnaient des avantages appréciables aux armateurs aussi bien qu'à leurs équipages, et qui, en liant tous les intérêts en cause, les sauvegardaient tous en établissant une véritable solidarité entre l'armateur et l'équipage.

Certainement, la loi du 21 avril 1898 n'atteignit pas le même but, et c'est ce qui causa tant de déceptions aussi bien aux armateurs qu'aux marins.

§

Les armateurs sont déçus parce qu'ils sont tenus de payer à la Caisse de prévoyance, en sus des charges qu'ils supportaient auparavant, et sans être exonérés de leur responsabilité civile de droit commun (art. 1382 et suivants du Code civil), une somme égale à la totalité des cotisations de leur équipage, et les petits patrons qui montent leur barque, une somme de 3 à 4 francs par homme.

En effet, la Caisse de prévoyance est alimentée :

1° Par la cotisation des participants;

2° Par les apports des propriétaires, ou armateurs de navires ou de bateaux;

3° Par les dons ou legs des particuliers et par les subsides éventuels des départements, des communes, des établissements publics et des associations.

Laissons de côté le troisième élément d'approvisionnement de la Caisse; il ne constitue pas un élément certain, puisqu'il est subordonné à la charité, fort louable et digne de remerciements, des particuliers, des départements et des communes ou établissements publics et privés, mais qui, par sa variabilité même, ne peut constituer un rendement fixe, sûr et certain, sur lequel il soit permis de compter.

Restent les deux premiers éléments qui contribuent chacun pour une part égale à alimenter la Caisse. Cette part est fixée, d'après les articles 3 et 4, à la moitié des taxes perçues sur les gains et salaires en faveur de la Caisse des Invalides de la Marine, sans qu'elle puisse excéder *deux francs* par mois pour les inscrits maritimes non munis d'un brevet de capitaine au long cours, au cabotage, de patron de petite pêche au large ou de mécanicien de 1ʳᵉ ou de 2ᵉ classe. Elle était alimentée encore par la perception de *trois* ou *quatre francs* par homme et par an, pour les propriétaires des bateaux, bâtiments ou embarcations exerçant la navigation dans la partie maritime des fleuves, dans l'intérieur des ports et des bassins, ou pratiquant la petite pêche, le bornage ou le pilotage en mer. Mais cette recette a été modifiée par la loi des finances du 30 mars 1902, qui a supprimé la participation des marins pêcheurs naviguant avec leurs patrons.

Comme la taxe perçue sur les gains et salaires en faveur de la Caisse des Invalides est de 3 0/0 sur les salaires inscrits aux rôles d'équipage, il s'ensuit que cette même base sert à la perception de la cotisation de la caisse de prévoyance. Par conséquent, un marin inscrit sur le rôle de son navire ou bâtiment pour un salaire mensuel de 70 francs, aura à subir chaque mois : 1° une retenue de 2 fr. 10 pour la Caisse des Invalides ; 2° une retenue de moitié de cette taxe, soit 1 fr. 05 pour la Caisse de Prévoyance. L'armateur, de son côté, versera, en vertu de l'article 4, à la même Caisse et pour le même mois, une semblable somme de 1 fr. 05 pour le même matelot. Voilà bien la solidarité entre l'employeur et l'employé, entre le patron et l'ouvrier !

Cette loi du 21 avril 1898 impose, en réalité, à l'armateur une dépense supplémentaire de 1,50 pour cent des salaires de tous ses équipages en l'obligeant à payer des risques dont il avait été jusqu'alors dispensé : celui de la mort des hommes embarqués, et celui de l'incapacité absolue et définitive de continuer la navigation pour les mêmes hommes. D'après l'article 262 du Code de commerce, il était seulement tenu de payer le salaire des marins blessés ou tombés malades au service du navire, pendant la durée de leur incapacité de travail, avec un maximum de quatre mois de gages, à partir du jour où l'homme a été laissé à terre, quelle que soit la gravité de l'état de ces marins, à les traiter, à les panser et à les rapatrier, s'ils avaient été laissés dans un port étranger, mais il pouvait s'exonérer de cette charge en consignant une somme calculée d'après un tarif édicté par un décret d'administration publique revisable tous les trois ans.

La loi du 21 avril 1898, tout en créant à l'armateur une charge nouvelle, l'exonère-t-elle d'une partie des dispositions de l'article 262 du Code de commerce? Nullement. Elle laisse subsister toutes les conséquences de ces dispositions que l'armateur continue à supporter en entier, puisque, en vertu de l'article 12 de la loi, les pensions et allocations qu'elle accorde « prennent cours, pour les inscrits, du jour où ils ont cessé de recevoir leurs salaires, conformément à l'article 262 du Code de commerce ».

Il s'ensuit que ce n'est qu'après que l'armateur aura satisfait aux obligations que lui impose l'article 262 précité, que la Caisse de prévoyance commencera à fonctionner au profit du marin blessé ou de ses représentants, pour les pensions et autres allocations accordées en vertu de la nouvelle loi. Ces pensions et allocations sont accordées par décision du Ministre, après enquête administrative et avis conforme de la Commission de visite, instituée par l'article 1er de la loi du 11 avril 1881 (1).

Ainsi donc, malgré cette dépense nouvelle imposée à l'armateur, celui-ci ne se trouve relevé d'aucune des charges mises à son compte par l'article 262 du Code de Commerce modifié par la loi du 1er août 1885.

Quant aux petits patrons, propriétaires d'une barque, bien plutôt associés de leur équipage qu'armateurs à proprement parler, ils ont vu se rétablir leur situation, un instant compromise. De même, en effet, qu'ils avaient été exemptés des charges de l'article 262 du Code de Commerce, de même ils se sont vus exonérer, par la loi du 30 mars 1902, de tout ce qui excédait leur cotisation individuelle. On a reconnu que les obligations pécuniaires qui leur avaient été imposées par la loi du 21 avril 1898 étaient trop onéreuses pour eux, et on a craint que l'application rigoureuse de cette loi ne ruine et fasse disparaître cette classe si intéressante des petits patrons propriétaires de leur barque de pêche (2).

Enfin, il est un article de la loi du 21 avril qui présente un réel danger pour l'armateur en l'exposant au payement d'indemnités très onéreuses de nature à mettre sa situation commerciale en jeu et qui, par suite, peut avoir des conséquences très graves. Il s'agit

(1) Voir sur ce point : Assurance moderne, n° du 30 avril 1893, l'assurance des marins.
(2) Étude sur la situation économique des marins-pêcheurs, par P. Romel. Page 223.

de l'article 11, d'après lequel « l'inscrit, ses ayants cause ou la Caisse Nationale de prévoyance subrogée à leurs droits, demandent directement, suivant les principes et les règles du droit commun des indemnités aux personnes responsables des fautes intentionnelles ou fautes lourdes ayant déterminé la réalisation des accidents ou risques dont lesdits inscrits auront été victimes ».

Par conséquent, au lieu d'avoir devant eux les parties intéressées avec lesquelles il est toujours plus facile de s'arranger à l'amiable, l'armateur peut se trouver en présence de la Caisse de prévoyance qui chercherait à obtenir soit à l'amiable, soit par voie de procès, l'indemnité la plus forte possible puisqu'aux termes de l'article 11 « les indemnités qui, dans ce cas, auront été consenties par les intéressés ou imposées par les Tribunaux compétents, viendront en déduction des sommes à payer en vertu de la présente loi. » Ainsi, ce sont donc bien des charges nouvelles imposées aux armateurs, mais sans les décharger des anciennes.

En sorte que si un accident survenu à un inscrit maritime entraîne la responsabilité civile de l'armateur, celui-ci se trouve exposé aux revendications de la victime, de ses ayants cause, et au surplus de la Caisse de prévoyance, comme subrogée à leurs droits pour exercer un recours contre lui, afin de faire rentrer dans ladite Caisse, cependant alimentée par l'armateur dans la même proportion que la victime, les sommes nécessaires au payement des indemnités de natures diverses qu'elle alloue (1).

§

Les marins, de leur côté, comparent avec tristesse la situation que leur a créée la loi du 21 avril avec celle que la loi du 9 avril 1898 a faite aux ouvriers terrestres. Pour ceux-ci, pas de retenue sur le salaire, aucune prime à payer et cependant au moment de l'accident, ils touchent une rente pouvant atteindre les 2/3 de leur salaire ; à ceux-là, on demande le versement d'une prime annuelle et ils touchent une pension dérisoire.

S'il est vrai de dire que la loi a pour objet d'allouer aux marins victimes d'accidents de leur profession le payement d'une rente, en cas d'infirmité permanente de travail et d'accorder à leurs veuves et à leurs enfants des secours viagers, il faut reconnaître que ce n'est pas sans un sacrifice de leur part.

---

(1) Nous verrons plus loin qu'il y a lieu, cependant, de maintenir cette disposition.

Les marins s'étonnent à juste titre, pensons-nous, qu'on leur fasse la part moins belle qu'aux ouvriers de l'industrie terrestre. Ceux-ci, grâce à la bienveillance toute particulière qui leur a toujours été témoignée par nos législateurs, ont obtenu une loi leur accordant des indemnités et des rentes en rapport direct avec leurs salaires et n'ont à supporter ni charge, ni retenue sur leurs gains.

Cependant, les souffrances sont au moins égales, la profession du marin est aussi dure et souvent même plus pénible que celle de l'ouvrier terrien quels que soient les dangers auxquels celui-ci se trouve exposé.

Les produits du travail du second sont plus élevés que ceux du premier. Le risque professionnel qui a servi de base et de prétexte à l'adoption du principe du forfait édicté par la loi du 9 avril 1898 est le même dans les deux professions. Pourquoi alors une différence de traitement dans les conséquences de ce risque ?

Prenons comme exemple deux mécaniciens :

L'un, travaillant dans une usine pendant dix ou douze heures par jour au maximum, aura droit, parce qu'il est terrien et sans aucune participation pécuniaire de sa part, en cas d'infirmité permanente de travail, à une rente égale aux deux tiers de son salaire annuel, soit 1,000 francs s'il gagne 5 francs par jour et travaille 300 jours par an.

L'autre, un inscrit maritime bien entendu, est à bord d'un bateau à vapeur faisant le long cours ou le cabotage, il reste attaché à son navire jour et nuit, et touche le même salaire. Il ne lui sera alloué, pour la même infirmité permanente de travail qu'une rente annuelle de 270 francs ; mais, à l'encontre de son confrère terrien, il aura donné 1 fr. 50 pour cent de son salaire à la Caisse Nationale de prévoyance qui lui versera sa rente, ce qui représente pour lui une charge de 27 francs par an à raison de 365 jours de travail à 5 francs par jour.

Ces deux mécaniciens ne courent-ils pas les mêmes dangers professionnels pour la conduite de leurs machines ? Le marin est, en plus, exposé aux tempêtes contre lesquelles il ne peut lutter ; son risque professionnel nous apparaît donc encore plus dangereux puisqu'il est aggravé d'une cause de force majeure qu'il lui est impossible de prévoir ni d'empêcher et qu'il est obligé de subir.

Cependant, il est beaucoup moins bien traité que l'ouvrier terrien et la théorie du risque professionnel qui a favorisé ce dernier n'a été appliquée pour lui que dans une faible partie et d'une façon

beaucoup plus étroite, bien qu'il ait payé de ses deniers la garantie
qu'on lui donne.

Cette différence de traitement provient de ce que, malgré le rap-
prochement des dates de leur promulgation respective, les deux lois
des 9 et 21 avril 1898 ont été le résultat de travaux préparatoires
essentiellement distincts : tandis que la loi du 9 avril est issue de
débats parlementaires d'une durée de près de 20 années, la loi du
21 avril a été le fruit de délibérations de date plus récente de Conseil ou Commissions spéciales, telles que le Comité consultatif des
Pêches maritimes, la Commission supérieure des Invalides et le
Conseil supérieur de la Marine marchande qui devaient tenir compte
d'institutions préexistantes et de la nature propre des travaux de la
mer (1).

Dès lors, il ne faut pas s'étonner que les allocations prévues par
chacune de ces lois ne soient identiques, ni quant à leur importance,
ni même quant à leur nature : la loi du 9 avril 1898 fixe des pensions d'incapacité de travail au profit des blessés, ou des
rentes viagères ou temporaires au profit de leurs ayants droit,
en prenant pour base le salaire de la victime. La loi du 21 avril 1898,
au contraire, donne, dans un tableau qui lui est annexé, un tarif
des demi-soldes d'infirmités, des pensions et des secours respectivement alloués aux inscrits, aux veuves, aux orphelins et aux
ascendants, en établissant diverses catégories d'ayants droit, avec
des chiffres de pension différents ; et ce, sans aucune relation avec
le salaire de la victime, bien que ce salaire serve de base à la
perception de la cotisation de l'inscrit.

Chacune de ces lois a, du reste, un caractère distinctif : la loi du
9 avril met à la charge exclusive du patron les conséquences financières de la responsabilité des accidents ; elle édicte des mesures
en vue de la réparation des dommages dont découle cette responsabilité, elle n'est cependant pas une loi d'assurance proprement
dite, elle ne l'indique pas comme une nécessité.

La loi du 21 avril est, au contraire, une loi d'assurance obligatoire : le personnel des entreprises assujetties doit être nécessaire-
ment affilié à la Caisse, et celle-ci est alimentée non seulement par

(1) Voir sur ce point : *Economiste Français* de la responsabilité des accidents survenus aux gens de mer (n° du 16 juin 1900, page 829) et le texte des différents projets élaborés par ces Commissions ou Comités dans l'ouvrage très intéressant et
documenté : *les Institutions professionnelles coopératives, mutualistes et d'assistance organisées pour la protection des marins* par Émile Thérasse. Paris. Pé-
done. 1899

les armateurs, mais aussi par les marins qui participent ainsi aux charges financières qu'entraînent les accidents du travail.

A un autre point de vue, tandis que l'assurance contre les accidents industriels prévue par la loi du 9 avril, comporte dans ses applications une charge proportionnelle aux risques courus dans chaque industrie, la loi du 21 avril ne spécifie aucune distinction basée sur la diversité des dangers et impose à tous la même cotisation, la même contribution aux revenus de la Caisse, quels que soient les risques courus, quelque différence qui. puisse existe entre les dangers courus par les marins de l'Océan, relativement importants, et ceux courus par les marins des côtes méditerranéennes dont le mode de navigation est presque exclusivement constitué par la pêche côtière.

§.

Dans leurs revendications, les marins paraissent ne pas tenir suffisamment compte des avantages que leur accorde cependant la loi du 21 avril, et ceux qui leur sont acquis par l'article 262 du Code de commerce. Il faut bien être persuadé que l'article 262 du Code de commerce, comme la loi du 21 avril 1898, ne s'applique pas seulement au risque *accident*, mais encore au risque *maladie*. Il s'ensuit que les sinistres, devant être plus fréquents, les victimes seront plus nombreuses, et le chiffre des indemnités, par suite, plus réduit.

§

La loi du 21 avril 1898 n'est malheureusement pas exempte de critiques.

Prenons d'abord son titre. Il nous fait supposer qu'il va s'adresser à tous les marins, il porte, en effet : « *Loi ayant pour objet la création d'une caisse de prévoyance entre les* MARINS FRANÇAIS *contre les risques de leur profession.* » S'agit-il de tous les marins français, c'est-à-dire de tous ceux qui voyagent sur les navires ? Tout porterait à le croire, car si nous nous en tenions à la lecture du premier paragraphe de la loi, nous y trouverions encore employé le même terme : « *Il est créé au profit des* MARINS FRANÇAIS *une caisse nationale de prévoyance* CONTRE LES RISQUES ET ACCIDENTS DE LEUR PROFESSION. » Nous devons nous détromper bien vite, il ne s'agit pas de tous les marins, mais seulement d'une certaine catégorie de marins : des inscrits maritimes ; nous trouvons, en effet, dans ce même article que « *font obligatoirement et* EXCLUSIVEMENT *partie de cet établissement tous les* INSCRITS MARITIMES *à partir de l'âge de dix ans.* »

Ainsi donc, le législateur a commencé à nous parler de tous les marins, puis il restreint sa pensée, et finalement ne parle plus que des inscrits maritimes.

On sait que l'inscription maritime, c'est, comme dit M. Fournier (1) « un système de recrutement qui oblige à servir dans « l'armée navale, suivant des conditions particulières, tous les « citoyens qui exercent la navigation à titre professionnel. » L'inscription maritime impose à ceux qui y sont soumis, une obligation militaire plus lourde que celle à laquelle sont soumis ceux que comprend le recrutement des armées de terre, car elle les place dans une situation spéciale.

Pour être inscrit maritime, il suffit d'être Français, de pratiquer la navigation maritime, c'est-à-dire de naviguer sur mer, dans les ports ou les fleuves jusqu'où remonte la marée, et enfin naviguer à titre professionnel, c'est-à-dire tirer de la navigation à laquelle ou se livre, ses moyens d'existence.

On est *inscrit provisoire* dès l'âge de dix ans, mais on ne devient un véritable inscrit maritime, c'est-à-dire un *inscrit définitif*, qu'à partir de l'âge de 18 ans, et lorsqu'on a 18 mois de navigation.

En employant le mot « inscrit maritime », le législateur a craint de créer des difficultés, et a voulu spécifier qu'il ne s'agissait pas seulement de l'inscrit définitif, mais même aussi de l'inscrit provisoire. Tout inscrit, fût-il âgé de dix ans seulement, bénéficiera de la loi, dans le cas où il serait atteint de blessure ou de maladie, ayant sa cause directe dans un accident ou un risque de sa profession.

§

Autrefois, il n'y avait que les inscrits maritimes qui naviguaient, les navires à voiles n'avaient besoin que de marins connaissant la mer, habitués à affronter ses dangers et ses tempêtes, et tous ceux qui s'embarquaient étaient des inscrits maritimes. Il n'y avait guère d'exceptions à faire que pour le cuisinier... et encore, car bien des cuisiniers qui avaient commencé à naviguer comme mousses ou comme novices, étaient inscrits maritimes et gagnaient leur retraite (2). On les appelait les « maître-coq ».

(1) *Traité d'administration de la marine*, par M. Fournier.
(2) M. Galibourg, avocat à Saint-Nazaire : *La loi sur les accidents survenus aux marins du commerce* (*Gazette des Tribunaux*, n° du 12 janvier 1902.)

Aujourd'hui, au contraire, le personnel des navires a bien changé, par suite du développement de la marine à vapeur ; sur ces sortes de navires, à côté des inscrits maritimes, vrais marins, il existe tout un monde d'employés auxiliaires, toute une armée d'ouvriers de diverses catégories : la machine a besoin de mécaniciens, de chauffeurs, de graisseurs, de soutiers, etc. ; pour ce métier, point n'est besoin d'être marin, et, de fait, ce genre de personnel est recruté en dehors des inscrits maritimes. De même pour le service des passagers ; les paquebots modernes sont devenus de vraies villes flottantes ; ils entrainent avec eux tout un monde de domestiques, valets de chambre, femmes de chambre, toute une armée de cuisiniers, marmitons, bouchers, boulangers, médecins, coiffeurs, etc., aucun d'eux ne sont des marins, hommes de mer, inscrits maritimes ; ce serait pour eux déchoir que d'accepter les fonctions qui sont dévolues à ces gens du métier, et auxquelles ils seraient d'ailleurs impropres.

Nous voyons donc sur les navires deux catégories d'employés, d'ouvriers ; les uns, ce sont les marins proprement dits, les inscrits maritimes, les autres ne sont pas des inscrits.

Les premiers ne peuvent se prévaloir que de la loi du 21 avril 1898, avec ses indemnités ; les autres ne peuvent recourir à aucune loi protectrice.

Nous devons cependant faire remarquer que l'engagement de tous ceux qui, d'une manière quelconque, travaillent sur le navire sera le même ; qu'ils soient inscrits maritimes ou non, leur engagement résulte du seul rôle d'équipage dressé conformément à l'article 250 du Code de commerce et aux circulaires de l'Administration de la Marine, qui en réglementent la forme et les effets. Les uns et les autres sont soumis au décret-loi disciplinaire et pénal pour la marine marchande, du 24 mars 1852, modifié par la loi du 15 avril 1898. Ils partagent la même vie commune, courent les mêmes dangers, seront blessés peut-être dans le même accident ; néanmoins, sauf en ce qui concerne l'application de l'article 262 du Code de commerce, dont ils profitent les uns et les autres, ils seront traités d'une façon toute différente (1).

§

Prenons d'abord les inscrits maritimes. Nous venons de voir que la loi du 21 avril 1898 avait été faite pour eux, aussi bien pour les

(1) Voir à ce sujet M. Galibourg, cité plus haut.

inscrits définitifs que pour les jeunes, âgés de 10 à 18 ans, ou inscrits provisoires. S'ils sont blessés dans un accident de leur profession, il recevront la rente payée par la Caisse de prévoyance, dans les conditions et suivant les tarifs fixés. Mais on a essayé d'enrayer l'application de la loi, soit en cherchant à faire perdre au marin la qualité d'inscrit maritime, soit en essayant d'établir que l'accident ne rentrait pas dans la catégorie de ceux qui sont visés par la loi du 21 avril 1898.

La jurisprudence est maintenant fixée sur ce point, et elle déclare que seule la loi du 21 avril 1898 est applicable aux inscrits victimes d'accident de leur profession. C'est un arrêt de la Chambre civile de la Cour de Cassation qui est venu rétablir la balance. La jurisprudence des Cours d'appels avait paru, un instant, devoir s'écarter sensiblement de la loi du 21 avril 1898 pour se rapprocher insensiblement de la loi du 9 avril 1898; la Cour de Cassation l'a ramenée à l'application stricte de la loi, par un arrêt de principe rendu dans les circonstances suivantes:

Grillet, inscrit maritime, Marseille, 2.375, était embarqué comme matelot sur le *Maroc*, navire appartenant à Verdeau et Cie, lorsque, le 6 décembre 1899, se trouvant à Thio (Nouvelle-Calédonie), il fut employé à la manœuvre du treuil, dans une opération de déchargement des marchandises qui se trouvaient à bord, et blessé par la chute de la poulie du mât de charge; il ne pouvait plus se servir du médius et de l'index de la main droite. Ayant assigné MM. Verdeau et Cie devant le Tribunal de 1re instance de Bordeaux, il leur demanda la rente déterminée en cas d'incapacité partielle et permanente, par la loi du 9 avril 1898. Les armateurs répondaient que le Tribunal était incompétent, et soutenaient que, seule, la loi du 21 avril 1898 était applicable. Le Tribunal de Bordeaux a rejeté l'exception d'incompétence; la Cour d'appel a confirmé le jugement. MM. Verdeau et Cie se sont pourvus en Cassation, en invoquant que « c'était à tort que la Cour de Bordeaux, constatant « que le défendeur, inscrit maritime, matelot treuilliste à bord « d'un navire de commerce, avait été blessé dans la manœuvre du « treuil, lors du déchargement du navire, avait considéré cet acci- « dent comme régi, non pas par la loi du 21 avril 1898, relative aux « accidents de la profession de marin, mais par celle du 9 avril pré- « cédent, concernant les accidents des ouvriers dans leur travail. »

La Chambre civile de la Cour de cassation a rendu l'arrêt suivant, qui admettant le pourvoi, casse les jugement et arrêt de Bordeaux.

« La Cour,

« Sur le moyen unique du pourvoi;

« Vu l'article premier de la loi du 9 avril 1898;

« Attendu, d'une part, que si la loi du 9 avril 1898, dans son article
« premier, prévoit les accidents survenus par le fait du travail ou à
« l'occasion du travail aux ouvriers et employés dans différentes indus-
« tries et entreprises et notamment dans celles de transports par terre et
« par eau et de chargement et déchargement, et si elle donne à la vic-
« time ou à ses représentants, droit à une indemnité à la charge du chef
« de l'entreprise, elle ne s'applique pas aux risques et accidents auxquels
« leur profession expose les marins; que la loi du 21 avril 1898 a créé
« au profit des marins français une Caisse Nationale de prévoyance
« contre les risques et accidents de leur profession alimentée par les
« cotisations des armateurs et propriétaires de navires, par celles des
« inscrits maritimes, par des dons et subventions et, s'il y a lieu, par
« des avances de l'Etat;

« Attendu, d'autre part, qu'en principe et sauf usages ou conventions
« contraires, la mise de la cargaison à la disposition du destinataire,
« soit à quai, soit sous palan, incombe au navire; que, par suite, les
« hommes de l'équipage en concourant à une opération de décharge-
« ment font acte de marins et que les accidents dont ils sont alors vic-
« times sont des accidents de leur profession;

« Attendu que l'arrêt attaqué constate que Guillet, inscrit maritime,
« embarqué à Nouméa sur le navire français Le Maroc en qualité de
« matelot treuilliste, a été blessé, le 6 décembre 1899, en rade de Thio,
« à bord, par la chute d'une poulie qui s'est détachée du mât de charge,
« alors que, sur l'ordre du capitaine, il manœuvrait le treuil pour
« décharger la cargaison; que, sans s'appuyer sur l'usage des lieux en
« Nouvelle-Calédonie ou sur les conditions d'engagement du matelot
« Guillet, l'arrêt lui fait application de l'article premier de la loi du
« 9 avril 1898, par ce double motif que toute opération de déchar-
« gement de la cargaison serait étrangère à la profession de marin et
« que le capitaine, en ordonnant à un homme de l'équipage d'y coopé-
« rer, ferait de l'armateur un chef d'entreprise de déchargement, res-
« ponsable en cette qualité de l'accident dont a été victime, dans son
« travail, le matelot devenu son ouvrier; qu'en statuant ainsi, ledit
« arrêt a faussement appliqué et par suite violé l'article susvisé;

« Casse... et renvoie devant la Cour de Bordeaux. »

Cassation. Chambre civile. Audience du 3 mars 1902. (Gaz. Palais,
1902-1-416.)

Cette jurisprudence est maintenant admise par les Tribunaux et
les Cours d'appel. C'est ainsi qu'un arrêt de la Cour d'Aix, du 3 jan-

vier 1903 a décidé que l'inscrit maritime, victime d'un accident
survenu dans l'exercice de sa profession, ne pouvait se prévaloir
que de la loi du 21 avril 1898, spéciale aux inscrits maritimes, et ne
saurait invoquer la loi du 9 avril 1898, sur les accidents ouvriers en
général. (Cour d'Aix, 3 janvier 1903, *Gazette des Tribunaux*, 2e partie,
1903-1-244).

Elle a été confirmée par un arrêt de la Chambre civile de la Cour
de cassation, du 5 juillet 1904, qui a cassé un arrêt de la Cour de
Rennes du 17 décembre 1901, rendu entre la Cie générale Transatlantique et M. Potet, lequel avait considéré que le fait par un inscrit
de travailler au déchargement du paquebot, au rôle d'équipage
duquel il figurait, avait transformé cette Cie de transports maritimes
en un entrepreneur de chargement et de déchargement, et rendu
la loi du 9 avril 1898 applicable. (*Gazette des Tribunaux*, n° du 14 juillet 1904).

Enfin, le Tribunal des conflits, chargé de déterminer devant quelle
juridiction un inscrit maritime doit porter son action en dommages-intérêts, alors qu'il prétend avoir été victime, à bord d'un
bâtiment de l'Etat, d'un accident, par suite de la défectuosité d'un
appareil, avait décidé, le 8 novembre 1902, qu'il ne pouvait s'adresser qu'aux Tribunaux administratifs, c'est-à-dire, employer la procédure de la loi du 21 avril 1898 (*Gazette des Tribunaux*, n° du 9 janvier 1903).

Nous pouvons donc considérer maintenant que la question d'application de la loi du 21 avril 1898 est définitivement tranchée du chef
des inscrits maritimes. En effet, à qui s'appliquerait cette loi,
sinon aux inscrits maritimes français, victimes d'accidents de leur
profession ?

Cette interprétation est d'ailleurs conforme aux travaux préparatoires, et aux discussions qui ont précédé le vote de la loi du
9 avril 1898.

C'est ce que rappelait M. le Conseiller Reynaud dans le rapport
qu'il fit préalablement à l'arrêt de la Chambre civile du 3 mars 1902
rapporté ci-dessus.

A la séance de la Chambre des Députés du 28 juin 1888, écrit
M. le Conseiller Reynaud, il a été formellement déclaré par M. Félix
Faure : « que la Commission avait pris une résolution nouvelle et
« que, pour ne pas ajouter une difficulté au vote de la loi, elle
« avait pensé qu'il était préférable de prendre une disposition spé-
« ciale à l'égard des marins et pêcheurs. » — Et, en 1893, la loi
portait : « une loi spéciale réglera les conséquences des accidents

« dont les marins et les pêcheurs peuvent être victimes dans
« l'exercice de leur profession. »

Si ce paragraphe, maintenu par la Commission du Sénat en 1896,
a disparu, la loi qu'il annonçait a été votée le 21 avril 1898, c'est-à-
dire 12 jours après la première; ces deux lois sont donc exclusives
l'une de l'autre, elles se complètent, mais elles sont incompatibles;
tandis que celle du 9 avril met à la charge du chef de l'entreprise
une indemnité forfaitaire réglée, en cas de conflit, par l'autorité
judiciaire, la loi du 21 avril 1898 crée une Caisse de prévoyance
entre les marins français et les armateurs. Dans l'exposé des motifs
de cette dernière loi, le Rapporteur insista même fortement sur le
caractère d'association créée pour former cette Caisse nouvelle de
prévoyance.

« Dans son économie générale, disait-il, le projet de loi que nous
« vous présentons, créé donc, pour réaliser les ressources nécessaires à
« l'indemnisation des accidents professionnels du travail maritime, *une*
« *vaste association*, englobant l'universalité des inscrits, placée sous
« le contrôle de l'État, et dont la caisse, distincte de celle des Invalides,
« sera alimentée au moyen d'une contribution obligatoire des marins,
« aussi bien que des armateurs et patrons. A ces ressources viendra
« s'ajouter éventuellement, dans les années lourdes, une aide financière
« de l'État. » (D. P. 1898-4-86).

Il résulte donc bien des travaux préparatoires, que la loi du
21 avril était destinée aux marins, tandis que la loi du 9 avril 1898
était destinée aux ouvriers.

§

Regardons maintenant la seconde catégorie des gens employés
sur les navires de commerce, c'est-à-dire des non inscrits.

L'article 1382 du Code civil, avec le fardeau de la preuve, leur est
seul applicable.

En effet, on ne peut leur appliquer la loi du 21 avril 1898? Ce
serait étendre l'application de cette loi à des non inscrits, alors
qu'elle n'est destinée qu'aux seuls inscrits?

On ne peut leur appliquer la loi du 9 avril 1898? Ce serait étendre
aux entreprises de mer, l'expression « entreprises par eau » du
législateur; et élargir l'application de la loi, en l'étendant à toute
une catégorie de travailleurs dont les patrons ne versent pas au
fonds commun de garantie leurs centimes additionnels sur la
patente, etc.

Les Tribunaux et plusieurs Cours d'appel ont eu une forte tendance à appliquer la loi du 9 avril 1898. Ils s'appuyaient, pour le décider ainsi : 1º Sur le texte de l'article premier de la loi qui paraît comprendre, dans sa généralité, toutes les entreprises de transport sans distinction ; 2º Sur l'esprit de la loi qui a eu pour but essentiel d'établir, en matière de responsabilités d'accidents, un nouveau droit commun fondé sur le risque professionnel au profit de tous les salariés de l'industrie, aussi bien au profit des travailleurs maritimes que des ouvriers terrestres (1) ; 3º Sur cette considération que si une catégorie de travailleurs maritimes, celle des inscrits qui, obligatoirement et exclusivement, font partie de la Caisse de prévoyance, a cessé d'être bénéficiaire de la loi du 9 avril 1898, depuis la promulgation de la loi du 21 avril 1898, cette exception doit être renfermée dans les termes restreints où elle a été édictée, laissant ainsi sous l'empire de la règle générale tous les gens de mer qui ne relèvent pas de l'Inscription (2) ; 4º Sur l'avis du Comité consultatif des assurances contre les accidents du travail qui, saisi de la question, avait décidé, le 24 janvier 1900, « que l'expression *entreprise* « *de transport par terre et par eau*, contenue dans l'article premier « de la loi du 9 avril 1898, s'appliquait notamment à *toutes les entre-* « *prises de transport par mer*, en dehors des cas spécialement pré « vus par la loi du 21 avril 1898, ayant pour objet la création d'une « caisse de prévoyance entre les marins français contre les risques « et accidents de leur profession.

« Que la loi du 9 avril 1898 était, dès lors, applicable : 1º aux « *inscrits maritimes* victimes d'accidents en *dehors* de leur embar « quement et au cours de travaux visés par ladite loi ; 2º aux *non* « *inscrits maritimes* employés à bord des paquebots, embarcations « et tous autres bâtiments autres que les bâtiments de guerre ou « de plaisance (3). »

La Cour de Rennes avait rendu, sur cette question, un arrêt motivé dont les termes sont importants à retenir. Elle s'exprimait ainsi :

La Cour :

« Considérant que les termes de l'article premier de la loi du 9 avril « 1898, relatifs aux transports, sont aussi nets et précis que possible ;

(1) Arrêt de la Cour d'appel de Rouen du 2 juillet 1901 (*Gaz. Pal.*, 1901-2-511).
(2) Même arrêt.
(3) *Recueil des documents sur les accidents du travail*, réunis par le Ministère du Commerce. Page 205. Berger Levrault, édit. 1902.

« que l'expression « par eau » a un caractère d'une généralité absolue;
« qu'elle embrasse tous les transports de cette sorte, de quelque nature
« qu'ils soient; que ce serait donc singulièrement restreindre sa portée
« que de l'appliquer aux transports par canaux, fleuves ou rivières, en
« en excluant les transports par mer;

« Considérant que cette application du texte ne fait que répondre à
« la pensée du législateur; qu'il résulte, en effet, de l'examen de l'en-
« semble des travaux et discussions qui ont précédé le vote de la loi du
« 9 avril 1898 que, destinée à créer un nouveau droit sur le risque pro-
« fessionnel, elle s'appliquait à toutes les catégories de salariés de l'in-
« dustrie et des travailleurs de la mer, notamment à toute personne
« employée à bord des bâtiments marchands (séance du 28 juin 1888);
« que, par suite des observations présentées, les inscrits maritimes
« seuls ont été l'objet d'une législation spéciale : la loi du 21 avril 1898;
« que, dès lors, tous les autres, en particulier les non inscrits employés
« à bord des bâtiments marchands, sont restés bénéficiaires de la loi du
« 9 avril 1898;

« Considérant que la loi du 24 décembre 1896, dans son article pre-
« mier, énonce que : « Sont inscrits maritimes, les Français ou natura-
« lisés Français qui exercent la navigation, soit sur la mer, dans les
« ports et dans tout ce qui est compris dans le domaine public mari-
« time, à titre professionnel, c'est-à-dire pour lesquels la navigation et
« la pêche constituent le principal, sinon l'unique moyen d'existence;

« Considérant que Potet a passé avec la Compagnie Transatlantique
« un engagement comme aide-cuisinier; qu'il s'est embarqué à Saint-
« Nazaire, le 28 mars 1900, et qu'à l'expiration de son voyage, il est
« rentré au port; que, bien qu'il ait figuré au rôle d'équipage du paque-
« bot *La Rance*, sa situation ne rentre pas dans celle prévue par la loi
« du 21 avril 1898; que, dès lors, n'étant pas inscrit maritime, ses dis-
« positions ne peuvent être appliquées à l'accident qui lui est survenu;

« Mais considérant que la Compagnie générale Transatlantique est
« un entrepreneur de transports par eau; que Potet était à son service
« comme aide-cuisinier; que c'est en accomplissant un travail relevant
« de sa profession que s'est produit l'accident; qu'il y a donc lieu de
« faire à la cause l'application de la loi du 9 avril 1898;

« Par ces motifs,
« Et adoptant au surplus ceux des premiers juges;
« Dit qu'il a été bien jugé, mal appelé;
« Confirme, en conséquence, la décision des premiers juges;
« Condamne l'appelante à l'amende et aux dépens (1)... »

(1) Cour d'appel de Rennes, 17 décembre 1901. (*Gazette du Palais*, numéro du 18 février 1902.)

Plusieurs Tribunaux et Cours d'appel avaient statué dans ce sens :

Trib. Marseille, 5 juin 1900 (*Rec. Marseille*, 33, 1901) ;

Cour Aix, 2 août 1900 (.).

Cour Rouen, 2 juillet 1901 (*Gaz. Pal.*,1901-2-511).

La doctrine paraissait d'ailleurs avoir pris le mot d'ordre du Comité consultatif des assurances et tranchait dans le même sens. C'était l'avis de Sachet (*Acc. travail*, 2ᵉ édition, nᵒˢ 98 et 98 .*bis*), Allart et Rondenay (*Acc. travail*, nᵒ 98, p. 47).

Mais rien ne paraissait devoir confirmer cette interprétation que nous avons critiquée à cette époque [1] et à laquelle la Chambre des requêtes de la Cour de cassation avait donné un premier coup en admettant, le 24 décembre 1901, le pourvoi formé par la Compagnie Transatlantique contre l'arrêt de la Cour d'Aix du 2 août 1900 (*Gaz. des Tribunaux* du 25 décembre 1901).

Ce système, en effet, créait une distinction entre les inscrits maritimes et ceux qui ne le sont pas, et mettait ces derniers dans une situation privilégiée.

Les inscrits régis par la loi du 21 avril devaient recevoir, en cas d'accident, une rente payée par la Caisse de prévoyance ; les non-inscrits, régis par la loi du 9 avril, devaient recevoir une rente proportionnée à la diminution de salaire éprouvée par eux. En sorte que deux blessés, qui auraient été atteints également et au même moment, dans un même accident et sur le même navire, qui gagnaient le même salaire, pouvaient recevoir une indemnité fort différente, puisque le taux de la rente qui devait leur être allouée aurait été calculé sur des bases tout à fait distinctes.

Bien plus, dans ce système, ces deux blessés auraient été astreints à s'adresser à des juridictions différentes, puisque ce sont des Tribunaux spéciaux qui seront appelés à statuer sur les difficultés qui pourraient naître de ce même accident : l'inscrit maritime devrait s'adresser au Ministre de la Marine, sauf recours au Conseil d'Etat ; le non-inscrit devrait s'adresser à la juridiction civile.

Tel était le résultat de ce système : créer une distinction complète entre les inscrits et les non-inscrits, soumettre les uns à la loi du 21 avril, les autres à celle du 9 avril 1898.

Mais ce système a été détruit par la Cour de cassation dont la

---

[1] Voir à ce sujet, *Bulletin de la Société L'Enseignement professionnel et technique des Pêches maritimes*, nᵒˢ de juillet-septembre 1902 et de avril-juin 1903.

Chambre civile saisie, à la suite de l'arrêt d'admission de la Chambre des requêtes du 24 décembre 1901, cité plus haut, a rendu, le 2 février 1903, l'arrêt suivant qui exclut le non-inscrit du bénéfice de la loi du 9 avril 1898.

La Cour.

« Sur l'unique moyen du pourvoi :

« Vu l'article 1er de la loi du 9 avril 1898;

« Attendu que, dans le langage du Code de commerce, l'expression « entreprises de transports par terre et par eau » ne s'applique pas « aux transports maritimes; que c'est ainsi, notamment, que les articles « de ce code qui, au livre 1er, sont inscrits dans la section III du titre VI, « sous la rubrique : « Des commissionnaires pour les transports par « terre et par eau », ne concernent que les transports terrestres et flu- « viaux; que le livre deuxième est spécialement consacré au commerce « maritime, et que, pour l'action en recours au cas de dommage arrivé « à la marchandise, l'article 435, qui fait partie de ce livre, a formulé « des règles autres que celles qui ont trouvé place au livre premier dans « les articles 105 et 108; qu'enfin, au titre de la compétence des tribu- « naux de commerce, les articles 632 et 633 du même code visent et énu- « mèrent distinctement, l'un, les entreprises de transports par terre ou « par eau, l'autre les entreprises maritimes et les engagements des gens « de mer pour le service des bâtiments de commerce.

« Attendu que, dans l'article 1er de la loi du 9 avril 1898, les mots « entreprises de transports par terre et par eau » n'ont pas un autre « sens ni une autre portée; que, de la nature des risques que cette loi « a en vue comme de ses diverses dispositions, et, en particulier, des « articles 11, 12 et 13, il résulte que cette expression ne comprend pas « non plus les transports par mer; que, spécialement, l'impossibilité « matérielle dans laquelle seraient presque toujours les armateurs ou « le capitaine de se conformer aux prescriptions de l'article 11 montre « manifestement que l'industrie maritime a été laissée par le législateur « en dehors des règles nouvelles qu'il a édictées; que, si la loi du « 9 avril 1898 n'est pas applicable aux inscrits maritimes au profit des- « quels la loi du 21 avril suivant a créé une caisse nationale de pré- « voyance contre les risques et accidents de leur profession, elle ne « l'est donc pas aussi aux non inscrits employés à bord des bâtiments « de commerce.

« Attendu, dès lors, que c'est à tort que l'arrêt attaqué a déclaré que « le Tribunal civil de Marseille était compétent pour connaître de la « demande que Janis, en se fondant sur l'article 1er de ladite loi, avait « formée contre la Compagnie générale transatlantique, à la suite de « la blessure qu'il avait reçue dans son service à bord du paquebot le

« *Général-Chanzy*; qu'en le décidant ainsi, la Cour d'Aix a faussement
« appliqué et, par suite, violé ledit article;
  « Casse... et renvoie devant la Cour de Montpellier.

Cassation ch. civile, 2 février 1903 (*Le Droit,* n° du 27 février 1903).

Cet arrêt est le premier rendu sur cette question; il manifeste
nettement la théorie que la Chambre civile entend soutenir, il a été
le prélude de plusieurs autres qui ont cassé, au fur et à mesure de
leur apparition les arrêts des Cours d'appel que nous avons cité plus
haut.

En effet, l'arrêt de la Cour de Rouen du 2 juillet 1901 a été cassé
par un arrêt de la Chambre civile du 5 juillet 1904 (*Le Droit*, n° du
14 novembre 1904 et *Gazette du Palais*, 1904-2-176), et l'arrêt de la
Cour de Rennes du 17 décembre 1901 a été cassé par un arrêt de la
Chambre civile du même jour, 5 juillet 1904 (*Le Droit*, n° du 14 novembre 1904).

Il est inutile de rapporter le texte de ces arrêts; il est identique-
ment le même que celui du 2 février 1903, reproduit ci-dessus; ce
fait montre avec quel soin la Cour de cassation l'a rédigé et qu'elle
est décidée à en faire le modèle-type des arrêts qu'elle aura à rendre
sur ce point.

Depuis, les Cours d'appel paraissent s'être rangées à la théorie de
la Cour suprême et la Cour de Bordeaux a, la première, rendu un
arrêt déclarant que, quelque intéressante que soit la situation des
marins non inscrits, qui courent les mêmes dangers que leurs camarades, on ne peut s'empêcher de reconnaître que les Compagnies de
transports maritimes ne sont pas assujetties à leur égard à la loi du
9 avril 1898, et qu'aucune distinction n'est possible entre la navigation accomplie par les marins sur les fleuves ou canaux et celle
qu'ils effectuent en pleine mer (Bordeaux, 12 janvier 1904, *Recueil
Bordeaux*, 1904-1-199; *Revue générale de la Marine marchande*, 1905-
178).

Cette théorie de la Cour de cassation a ainsi pour conséquence de
disqualifier, pour ainsi dire, les non inscrits maritimes qui sont
employés sur les navires et d'en faire une classe à part; ils ne peuvent bénéficier de la loi du 21 avril 1898 qui est réservée aux inscrits maritimes; ils ne peuvent bénéficier de la loi du 9 avril 1898,
qui ne s'étend pas aux entreprises de transport par mer, ce genre
d'entreprise ne rentrant pas dans la catégorie des industries quali-
fiées par le législateur : *entreprises de transport par eau*; et ils sont
réduits à se débattre dans les dédales du droit commun; ils ne peu-

vent se prévaloir que des articles 1382 et suivants du Code civil, et
le lourd fardeau de la preuve reste à leur charge. Voilà à quoi ont
abouti tant de travaux, tant d'études : une catégorie des travailleurs
est complètement oubliée dans la législation actuelle et se trouve
exactement dans la même situation que s'il n'y avait eu de lois ni
du 9 avril, ni du 21 avril 1898.

Cet examen de la jurisprudence et des résultats qu'elle produit jus-
tifie de la manière la plus absolue, la nécessité de préparer une loi
spéciale et uniforme pour tous les gens de mer, adoptant pour cette
catégorie de travailleurs, qu'ils soient inscrits ou non, mais qui courent
ensemble les mêmes dangers, une même réparation des conséquences de
l'accident, avec une procédure particulière et simple.

CHAPITRE III

**Réclamations et critiques portées contre la loi du
21 avril 1898. — Projets de modification.**

PREMIÈRE PARTIE

Exposé des réclamations et des projets modificatifs.

Parmi les institutions établies en faveur des professionnels de la
navigation, il n'en est peut-être pas, nous l'avons déjà vu, de plus
impopulaire que la Caisse de prévoyance. Depuis son application,
les Congrès d'inscrits, les syndicats de pêcheurs s'élèvent unanime-
ment contre son mode de fonctionnement, souvent même contre son
principe.

D'une manière générale, en effet, les gens de mer ont toujours été
et demeurent hostiles aux institutions de prévoyance. Le marin est,
par essence, insouciant et peu enclin aux projets à long terme. Ne
craignant pas le danger, bravant chaque jour mille périls, il ne juge
pas utile de prévoir, pour lui-même ou pour les siens, l'hypothèse
des catastrophes qu'il a la certitude, hélas! chimérique, de pouvoir
toujours dénouer; et c'est un fait bien connu que chaque fois que se
renouvellent les terribles méfaits que la mer réserve à ceux qui
vivent d'elle, les populations de nos côtes font montre d'une stupé-
faction sincère qui accentue encore leur navrante misère.

Le marin tient, avant tout, à percevoir son salaire. Quels que
soient les motifs des prélèvements faits sur sa solde, il s'insurge et
maudit les règlements, fussent-ils tutélaires! C'est ce qui explique

le soulèvement général qu'a amené l'application de la loi du 21 avril et que, dès son apparition, les critiques se sont élevées de toutes parts.

Les premières modifications proposées le furent par MM. Carnaud, Pams, Gautret, Antide Boyer et Cadenat-Salis, qui déposèrent, le 30 mars 1899, une proposition de loi disant :

« Les versements imposés aux inscrits et aux propriétaires, arma-« teurs et patrons par la loi du 21 avril 1898, sur la Caisse de pré-« voyance, sont facultatifs. »

M. Carnaud et ses collègues se sont faits l'écho de plusieurs quartiers maritimes qui demandaient la substitution de la *faculté* à l'obligation de l'assurance à la Caisse de prévoyance. Les uns estimaient qu'à défaut de l'abrogation de la loi du 21 avril, les intéressés devaient être laissés libres juges de la convenance qu'il y a pour eux de s'assurer ou de ne pas s'assurer (1). Les autres ne voulaient pas faire table rase de toute institution de prévoyance ; ils comprenaient qu'à rendre la participation facultative et non plus obligatoire, on aboutirait rapidement à priver les inscrits de toute assurance et à détruire la Caisse de prévoyance à laquelle ils tiennent à certains points de vue ; ils exprimaient un vœu semblable, tendant à ce que la loi se bornât à édicter la *faculté d'opter* entre la Caisse de prévoyance et toute autre institution analogue (sociétés de secours mutuels, Caisse d'assurance maritime, etc.).

Ces deux propositions tendaient au même but : *faculté* de participer à la Caisse de prévoyance au lieu de l'obligation édictée par la loi. Mais il est facile de se rendre compte, pour peu que l'on connaisse les marins, leur insouciance du danger, leur imprévoyance de l'avenir, que la suppression de l'obligation équivaudrait tout simplement à la suppression de la loi elle-même.

Son remplacement par la faculté de s'assurer à la Caisse aurait, dit M. Durassier, en terminant l'examen de cette question, cette autre conséquence grave de soustraire les armateurs (car la dispense de l'obligation s'étendrait logiquement à ceux-ci) à l'assurance du risque professionnel, qui est précisément le principe fondamental de la nouvelle législation sur les accidents du travail. On aboutirait à cet illogisme que l'industrie qui comporte le plus de risques, celle

---

(1) Voir à ce sujet, Rapport de M. Durassier, directeur de la Marine marchande, sur les modifications à apporter à la loi du 21 avril 1898, page 8 ; rapport rédigé à la suite de l'enquête officielle ordonnée par le Ministre de la Marine, en vertu d'une circulaire du 18 avril 1900, et dont il sera question plus loin.

à laquelle l'assurance est le plus nécessaire, serait privée du bénéfice de l'assistance que la loi a voulu accorder à toutes les formes de travail.

§

Le 24 juin 1899, M. Charrüyer a déposé à la Chambre une autre proposition de loi sur le même sujet.

D'après ce projet :

1° Les équipages des bateaux pratiquant la petite pêche, le bornage ou le pilotage, ne seraient point obligés de faire partie de la Caisse nationale de prévoyance, pourvu qu'ils fissent partie de Sociétés de secours mutuels locales poursuivant le même objet que la Caisse nationale et assurant à leurs participants ainsi qu'à leurs veuves et ascendants une assistance équivalente à celle de ladite Caisse ;

2° Les propriétaires et armateurs de ces bateaux devraient verser une cotisation égale au montant de celle versée par leur équipage ;

3° Les propriétaires et co-propriétaires, inscrits maritimes, montant eux-mêmes leurs bateaux, seraient dispensés de ce versement.

Nous avons vu ce qu'il fallait penser de la première partie de ce projet de loi, des difficultés d'exécution qu'il rencontre, et notamment de l'illogisme auquel il conduit, puisque le marin n'étant plus en quelque sorte assuré automatiquement et n'étant pas assez prévoyant pour s'assurer lui-même, serait privé du bénéfice de l'assistance, dans le métier où l'on court le plus de risques.

En ce qui concerne la deuxième proposition du projet, elle renferme une obligation de contrôle impossible à réaliser, le même armateur pouvant avoir chacun de ses marins affilié à une société différente, et par suite obligé de tenir un compte spécial pour chacune de ces Sociétés. Cette seconde proposition se heurte à des difficultés matérielles d'exécution beaucoup trop grandes pour être sérieusement prise en considération.

La troisième proposition du projet de loi a beaucoup plus d'intérêt, car elle a amené un résultat pratique. En effet, la dégageant des deux propositions précédentes, elle tendait à exonérer les inscrits, petits patrons, montant eux-mêmes leurs embarcations, de la taxe d'apport de 3 francs et 4 francs, à laquelle les astreignait la loi du 21 avril.

L'opinion générale avait été unanime à blâmer cette charge impo-

sée par la loi du 21 avril, au petit patron propriétaire montant lui-
même son embarcation.

On a soutenu, avec raison, qu'en imposant, à titre d'employeurs,
et indépendamment de leur cotisation individuelle, comme inscrits,
une cotisation de 3 francs et de 4 francs aux patrons montant eux-
mêmes leurs embarcations, la loi a excédé la faculté contributive de
cette intéressante catégorie de marins qui n'ont du patron que le
nom, et sont, en fait, des travailleurs peinant avec leurs équipages
dont ils sont les collaborateurs et les associés, vivant de la même
vie et partageant les mêmes risques.

Les nombreuses réclamations qu'ont provoquées ces taxes ont
démontré à nos législateurs qu'elles constituaient une charge trop
lourde pour la petite navigation côtière.

Les enquêtes se sont faites sur cette question en même temps que
sur la généralité des autres, mais l'attention du Ministre de la Marine a été appelée d'une façon toute particulière sur ce point. M. Durassier, directeur de la Marine marchande, concluait dans le rapport
qu'il déposa à la fin de 1900 : « qu'il y avait lieu d'exonérer complè-
« tement de leur taxe d'apport (3 francs ou 4 francs) les petits pa-
« trons montant eux-mêmes leurs embarcations affectées à la petite
« pêche et au bornage, et d'une jauge égale ou inférieure à un cer-
« tain tonnage brut et de les réduire à leur cotisation individuelle
« comme inscrits (1).

La Sous-Commission des gens de mer du Conseil supérieur de la
Marine marchande admettait, l'année suivante, le même principe et
proposait de rectifier l'article 4 de la loi du 21 avril en ce sens que
le patron propriétaire montant lui-même son embarcation ne serait
soumis qu'au payement de sa cotisation individuelle comme inscrit (2).

Enfin, un article inséré sous le n° 81, dans la loi des Finances
(budget) du 30 mars 1902, a déclaré que : « Les patrons propriétaires
« de bateaux se livrant à la petite navigation (petite pêche, bornage
« et pilotage), montant eux-mêmes lesdits bateaux, seront exonérés
« de la taxe de 3 et 4 francs par homme et par an, imposée par la
« loi du 21 avril 1898 et ne seront astreints qu'à leur cotisation indi-
« viduelle d'inscrits.... (3) ».

La troisième proposition du projet de M. Charruyer n'est donc

_____

(1) Rapport Durassier, déjà cité (page 17, n° 63 et page 25, n° 101).
(2) Rapport de M. Bernard du 1er juillet 1901, sur la revision de la loi du 21 avril
1898.
(3) *Journal officiel* du 30 mars 1902. Article 81 de la loi de Finances.

plus à retenir, puisque l'article 4 de la loi du 21 avril 1898 qu'elle visait a été modifié dans un sens libéral en faveur des petits propriétaires et que nos législateurs ont ainsi écarté un grief très important qui avait été soulevé, dans toute la France côtière, contre la loi du 21 avril.

§

Devant les protestations venues de tous les points du littoral, et surtout devant les critiques dirigées à la séance de la Chambre des députés du 9 mars 1900 par certains orateurs contre la loi du 21 avril 1898, le ministère de la Marine s'est ému. Par une circulaire en date du 18 avril 1900, adressée à MM. les vice-amiraux, commandant en chef, préfets maritimes, contre-amiral commandant la Marine en Algérie, commissaires généraux et chefs du service de la Marine, commissaires de l'Inscription de la Marine, M. de Lanessan, alors Ministre de la Marine, ordonna une enquête aussi complète et aussi exacte que possible, tant par des renseignements que par des chiffres, sur l'application de la loi du 21 avril.

Il recommanda aux administrateurs de se mettre en rapport avec les syndicats d'armateurs, de marins, de pêcheurs ou des prud'homies de la région composés de véritables professionnels : « car il im- « portait, disait-il, que patrons et ouvriers soient associés à l'œuvre « de revision qu'entreprend l'Administration, que les questions à « élucider soient débattues librement et en commun ; c'est le meil- « leur moyen de faire œuvre solide. »

Les renseignements recueillis par les commissaires des quartiers sur les conditions locales et les desiderata des syndicats profession- nels reconnus équitables et susceptibles de réalisation devaient être transmis aux commissaires généraux et aux chefs de service qui devaient en faire un rapport d'ensemble dans lequel ils exprime- raient leurs vues sur la question.

De leur côté, les préfets maritimes devaient faire connaître leur avis sur le système qui leur paraîtrait le mieux s'accorder aux néces- sités régionales de leurs arrondissements respectifs.

Cette enquête donna d'excellents résultats et permit à M. Duras- sier, directeur de la Marine marchande, de déposer, à la fin de 1900, un rapport qu'il adressa au Conseil supérieur de la Marine mar- chande. Ce rapport, remarquable aussi bien par la clarté de sa dis- position que par la largeur de vues qui y est exposée, est appelé à rendre les plus grands services à la discussion des modifications à apporter à la loi du 21 avril. Il aurait pu servir de base à un projet de loi qui serait déjà passé en loi définitive, si d'autres préoccupations n'en avaient pas éloigné nos Ministres. Il restera néanmoins la base de tout travail utile à faire sur cette question. Nous l'examinerons plus en détail dans une autre partie de ce travail.

Ce rapport a été transmis par le Ministre au Conseil supérieur de la Marine marchande, et M. Bernard, au nom de la Sous-Commission nommée à la séance du 15 janvier 1901, a été chargé de présenter un rapport sur la question de la revision de la loi du 21 avril. Ce rapport, déposé le 1er juillet 1901, a été inspiré par celui de M. Durassier, a repris le projet de loi préparé par lui et y a fait quelques modifications de détail. Nous les examinerons tous les deux ultérieurement.

§

Le 18 juin 1901, M. Carnaud et plusieurs de ses collègues, sans tenir compte de leur premier projet du 30 mars 1899, en ont présenté un nouveau, tendant non pas à modifier la loi du 21 avril, mais à ajouter un article unique à la loi du 9 avril 1898, ordonnant l'application aux marins, navigateurs de commerce ou pêcheurs, des principes généraux de cette loi.

Nous avons déjà vu, dans la deuxième partie de ce travail, les difficultés d'application qui se rencontreraient à l'extension de la loi du 9 avril 1898, et que nous pouvons résumer ainsi :

1° Les inscrits, sous le régime de la loi du 9 avril 1898, seraient bien souvent hors d'état d'obtenir les indemnités prévues par ladite loi, les armateurs ou patrons pouvant leur opposer des cas de force majeure dont ils ne pourraient, en toute équité, être rendus responsables. Ils auraient, dans ce cas, des instances longues à soutenir.

2° L'augmentation des charges imposées aux armateurs par l'application pleine de la loi du 9 avril 1898, comme le montre le nouveau projet Carnaud, ne retomberait pas seulement sur eux, mais les marins pourraient aussi en supporter les conséquences. De deux choses l'une (1) : ou les armateurs, succombant sous le poids de frais excessifs, liquideraient, ou ils se rattraperaient en abaissant les salaires, en réduisant leur personnel au strict nécessaire, en augmentant, dans leurs équipages, la proportion des marins étrangers travaillant au rabais, peut-être même, en faisant naviguer leurs navires sous pavillon étranger pour échapper aux charges trop lourdes de la législation française.

_____

(1) Voir rapport de M. Durassier déjà cité, n° 46.

3° Les inscrits, aussi bien que les non-inscrits, se plaindraient bien vite de la perte des prérogatives séculaires auxquelles ils tiennent beaucoup. En effet, en cas d'accident, l'armateur n'aurait à payer que la moitié du salaire quotidien à partir du cinquième jour de l'incapacité de travail, les frais médicaux et pharmaceutiques au tarif de l'assistance médicale gratuite, une partie des frais d'hospitalisation, mais n'aurait pas à s'occuper du rapatriement de la victime, celle-ci ne pouvant plus bénéficier de l'article 262 du Code de commerce, puisque l'article 2 de la loi du 9 avril, dispose que l'ouvrier ne *peut se prévaloir d'aucunes dispositions autres que celles résultant de ladite loi.*

4° Puisque la loi du 9 avril serait applicable, l'article 262 du Code de commerce devient abrogé, et les marins perdent le bénéfice de cet article pour le cas de maladie que ne prévoit pas la loi du 9 avril.

Le projet de loi de M. Carnaud ne peut donc pas être pris en sérieuse considération, car il ne semble pas devoir aboutir à un résultat pratique appréciable pour les marins, inscrits ou non-inscrits, mais il était bon de le faire connaître parce qu'il a été une nouvelle manifestation des contestations apportées à l'exécution de la loi du 21 avril 1898, et est venu ajouter un nouvel appoint à l'examen des modifications qu'il y aurait lieu d'apporter à cette loi.

§

En dehors du Parlement, et dans le courant de la même année 1901, d'autres projets ou rapports ont été présentés.

C'est ainsi que M. Vieljeux a préparé un projet de loi nouvelle (1) dont il espérait le meilleur résultat.

M. Vieljeux déclarait qu'une loi de protection, comme devait être la loi sur les accidents, avait trois conditions à remplir :

1° Elle devrait, dans une mesure suffisante, assurer l'avenir du marin victime des risques de sa profession et s'occuper, en cas de mort, de ceux (femme, enfants, ascendants) qu'il peut laisser derrière lui ;

2° Elle devrait tenir compte du genre particulier des risques courus, qui empêche toute assimilation avec les autres risques industriels, de façon à limiter la responsabilité incombant à l'arma-

---

(1) *Une loi à refaire,* par M. Léonce Vieljeux. Imprimerie Masson, à La Rochelle, 1901.

teur. Elle devrait aussi ne pas perdre de vue qu'il s'agit d'une industrie essentiellement et constamment exposée à la concurrence étrangère, et comme conséquence, ne lui imposer aucune charge que les marines concurrentes (anglaise, allemande ou autres) n'aient déjà à supporter ;

3° Elle devrait, enfin, être précise, et n'exposer ni le marin ni l'armateur, à des surprises ou à des contestations pouvant avoir de graves conséquences.

Se basant sur ces principes, M. Vieljeux a préparé un projet de loi qui reprend le texte, un peu modifié, de la loi du 9 avril 1898, et l'adapte à la Marine (inscrits et non-inscrits).

Nous avons, dans un précédent travail fait en collaboration par M. Ch. Renard et M. Delearde, l'un de nous (1), apprécié ce projet de loi, et nous disions que M. Vieljeux admettait (en les aggravant encore), les rentes prévues par la loi du 9 avril pour la mort, l'infirmité permanente absolue et l'infirmité permanente partielle ; il va jusqu'à tolérer la mise en œuvre parallèle, contre l'armateur, de la responsabilité du risque professionnel et de la responsabilité du droit commun ; tolérance qui heurterait le droit et l'équité, et qui serait en opposition avec l'idée du régime forfaitaire qui a constitué les bases de la loi du 9 avril 1898.

Pour l'établissement du salaire de base, il décide qu'on se guidera sur les gages inscrits sur le rôle d'équipage que l'on majorera d'une somme de 500 fr., représentant les allocations en nature reçues par les marins entretenus aux frais du navire.

Enfin, l'auteur prévoit un fonds de garantie analogue à celui de la loi du 9 avril 1898, au moyen de prélèvements effectués sur les différents droits et taxes payés par les navires au moment de leur francisation et au cours de leur navigation, ainsi que sur les taxes payées par les navires étrangers faisant escale dans les ports français. Ces prélèvements pourraient être complétés par d'autres provenant de la retenue de 4 % sur les primes payées à la Marine marchande.

§

Chaque année voit apparaître de nouvelles critiques, de nouvelles

---

(1) *L'assurance des gens de mer contre les accidents du travail en France*, par MM. D. Delearde et M. Ch. Renard, chef du Contentieux des caisses syndicales, des forges et des industries minières de France. Une brochure, Paris, 20, rue Louis-le-Grand. Extrait du *Bulletin des accidents du travail et des assurances sociales* N° 1. — 1904.

études relatives aux modifications à apporter à la loi. Une des plus importantes a été le Congrès national des Syndicats maritimes tenu à Martigues, du 15 au 19 septembre 1902. La question de la Caisse de prévoyance y fut discutée longuement, chaudement ; elle divisa les assistants en deux camps bien tranchés qui soutinrent chacun, avec acharnement, les principes qui les rendaient hostiles ou favorables à la Caisse de prévoyance. La différence entre la loi du 9 avril et celle du 21 avril fit naturellement les frais d'une grande partie de la discussion, mais il s'y est dit des choses excellentes. La Commission, qui avait été chargée d'examiner la question, avait décidé : 1° Qu'il y a lieu d'appliquer aux inscrits maritimes une loi sur les accidents du travail maritime, mais considérant qu'il n'est pas admissible que les travailleurs soient appelés à se constituer eux-mêmes des rentes, lorsqu'ils sont victimes d'un accident survenu pendant leur travail ou à propos de leur travail, se déclare hostile à toute loi qui contiendrait une clause contraignant les inscrits à subir une retenue à cet effet.

2° Que l'âge à fixer pour le versement des secours aux ascendants des victimes d'accidents, soit abaissé à 50 ans au lieu de 60 ans.

La décision de la Commission préparatoire a ceci d'important, c'est qu'elle reconnaît la nécessité d'une loi spéciale pour les accidents du *travail maritime.* Il faut, pour les marins, qu'ils soient régis par une loi *spéciale à la corporation*, mais ils ne demandent pas l'extension de la loi du 9 avril aux marins. Ce point est remarquable parce qu'il vient des marins eux-mêmes, et qu'il rentre bien dans l'impression générale qui domine tout ce travail et qui nous porte à dire qu'il faut une loi spéciale pour les marins, le risque de mer étant totalement différent du risque de terre.

§

Les mêmes plaintes s'élevaient, chaque année, à la Chambre des députés, lors de la discussion du budget de la marine. On savait bien qu'une enquête était faite par le Ministère de la Marine, mais on ne pouvait pas en connaître les résultats, on cherchait à les pénétrer.

En 1901, les attaques furent menées par M. Mirman et M. Carnaud ; les critiques ne furent pas ménagées à cette loi du 21 avril qui avait été étudiée, discutée, votée par les deux Chambres et promulguée en six jours.

« Jamais, a dit M. Mirman, on ne vit projet de loi filer autant de

« nœuds à l'heure (*on rit*). Mais voici ce qui s'est passé : cette loi a
« été une loi de surprise, et, quelques mois après, on s'est aperçu
« qu'elle ne contenait rien, peut-on dire, de ce que la Chambre
« avait voulu qu'on y mît (1) ». Cette critique est un peu sévère,
mais elle manifestait le mécontentement général.

Mêmes critiques en 1902. M. Pelletan, qui n'était pas encore
Ministre de la Marine, s'est attaché à démontrer les résultats, d'après
lui, scandaleux, de la Caisse de prévoyance. « Après trois ans de
« fonctionnement de cette belle institution, dit-il, voici les résultats
« auxquels on est arrivé : on a pris aux intéressés, sous forme d'un
« impôt nouveau, 3,672,000 francs. Je n'ai pas besoin de vous dire
« qu'un impôt de 3,672,000 francs, portant exclusivement sur une
« partie aussi restreinte et aussi pauvre de la population est un
« impôt extrêmement lourd. Que leur a-t-on donné en échange de
« ces 3,672,000 francs ? On leur a donné 283,000 francs de secours
« et de pensions, pas même la dixième partie de ce qu'on leur a
« pris. En sorte que le système dit de prévoyance consiste à prendre
« dix aux intéressés pour leur rendre un et pas même. Voilà le
« système.

« Il ne faut pas oublier que cette Caisse de prévoyance est une
« dérogation absolue à l'assurance contre les accidents telle qu'elle
« fonctionne pour tous les autres citoyens et pour toutes les autres
« professions.

« La Chambre a voulu répartir comme elle jugeait équitable de
« le faire, le poids des accidents entre les patrons et les ouvriers,
« et elle a laissé aux patrons la charge financière des réparations
« dues à ceux qui sont victimes de ces accidents. Or, en ce qui
« concerne nos marins, la répartition se fait comme je vais dire.

« D'après les chiffres officiels, ceux qui naviguent comme simples
« inscrits ou petits patrons, ont payé 64 % de ces 3 millions et
« demi ; les patrons n'ont payé, par conséquent, que 36 %. En
« sorte qu'il existe deux lois, l'une absolument démocratique pour
« toutes les professions quelles qu'elles soient, et l'autre, écrasant
« les plus pauvres, les plus laborieux de nos travailleurs, tous ceux
« qui vivent sur la mer, comme s'il y avait deux France, et comme
« si les principes de la République ne s'étendaient pas à tout le
« monde (2). »

(1) *Journal officiel*. Débats parlementaires, Chambre des députés, séance du
7 novembre 1901, page 2,067, col. 2.
(2) *Journal officiel*. Débats parlementaires, Chambre des députés, 2ᵉ séance du
8 mars 1902, pages 1076 et 1077.

Ces attaques de M. Pelletan sont loin d'être exactes, car il ne s'est pas rendu compte de la capitalisation nécessaire à la constitution d'une pareille quantité de rentes ; ce n'est pas en considérant les sommes versées par les marins d'une part, par les armateurs de l'autre, et le chiffre des rentes payées que l'on doit établir une comparaison, car, pendant les premières années, on doit arriver fatalement à un semblable écart ; mais, si l'on tient compte de la capitalisation nécessaire pour garantir le service des rentes, on trouvera que ces chiffres ne sont pas éloignés de la vérité.

Ces chiffres et la manière dont ils étaient présentés avaient un but, celui d'amener le Ministre de la Marine à donner une impulsion plus grande à la préparation d'un projet de loi qui aurait modifié la loi du 21 avril, à permettre aux députés de se joindre au travail du Ministère et de donner l'occasion au ministère du commerce de s'occuper de la préparation d'un projet de loi qu'on voudrait rapprocher de celle du 9 avril 1898.

Ces efforts ont été couronnés de succès, car, le 18 mars 1902, un décret instituait une Commission interministérielle chargée de rapprocher, dans la mesure du possible, la législation spéciale aux accidents maritimes de la législation générale qui régit actuellement les accidents du travail industriel. Cette Commission avait pour but de rechercher, dans le plus bref délai possible, les moyens d'appliquer aux accidents des marins les principes qui règlent déjà la réparation des accidents du travail dans l'industrie, sauf à combiner avec ces principes les exceptions ou les tempéraments qu'implique, dans certains cas, la situation particulière de la marine marchande (1).

Cette Commission, peu nombreuse, réunissait les compétences diverses qu'exigeait l'examen délicat d'une législation à mettre tout ensemble en harmonie avec les lois des 9 et 21 avril 1898, et les dispositions du Code de commerce relatives aux marins. Elle commença ses travaux le 25 mars 1902, et, ce jour-là, chargea les représentants des deux Départements ministériels intéressés, de

---

(1) Les membres de cette Commission sont : MM. Louis Ricard, député, président du Comité consultatif des assurances contre les accidents du travail, président ; Barbey, sénateur, ancien ministre de la marine ; Leydet, sénateur, membre de la Commission de la marine marchande ; Pams, député, membre de la Commission de la marine ; Guiyesse et Mirman, députés, membres de la Commission d'assurance et de prévoyance sociales ; Lyon-Caen, membre de l'Institut, professeur à la Faculté de droit de l'Université de Paris, membre du Comité consultatif des assurances contre les accidents du travail ; Georges Paulet, directeur de l'assu-

réunir les documents statistiques indispensables pour la guider dans son étude. Dès cette première assemblée, elle décida, à l'unanimité, de prendre pour base de ses travaux les principes de la loi du 9 avril 1898, sauf à les mettre en harmonie avec les avantages déjà assurés aux marins par la législation existante et à étudier les tempéraments que pourrait exiger la situation spéciale de la marine marchande, de la grande pêche et de la petite pêche. Cette Commission dut suspendre ses travaux pendant un an, faute par le Ministre de la marine (à cette époque M. Pelletan), d'avoir désigné son représentant auprès d'elle, en remplacement de M. Mazerat qui avait été précédemment désigné et appelé depuis à d'autres fonctions. Dès qu'il se fut décidé à le faire, la Commission reprit de suite et sans discontinuer ses travaux, et en cinq séances tenues en 15 jours, termina son étude, et chargea M. Ricard, son président, de rédiger un rapport qui fut présenté au Ministre du commerce, le 12 décembre 1903, et par lui immédiatement transmis au Ministre de la marine (1).

Ce rapport constate :

1° Que la Commission est restée convaincue de l'impossibilité d'appliquer dès maintenant les principes du risque professionnel à la totalité des marins et à la généralité des accidents qui surviennent dans l'industrie maritime ;

2° Qu'elle a jugé préférable de limiter les efforts immédiats et de s'en tenir à la réalisation d'un progrès modeste mais certain ;

3° Qu'elle s'est préoccupée de ne pas risquer d'affaiblir la situation de notre marine marchande vis-à-vis des marines étrangères, en imposant à nos armateurs une charge excessive au moment où le Parlement consent en leur faveur des sacrifices budgétaires considérables. Il se termine par un avant-projet de loi que nous examinerons plus loin avec les précédents en les comparant ensemble.

Mais si ce rapport a enfin vu le jour, c'est que la Commission avait, en quelque sorte, été mise en demeure de s'exécuter par la Chambre des députés, dans sa séance du 7 février 1903, M. Carnaud,

rance et de la prévoyance sociales au Ministère du commerce ; Mazerat, commissaire en chef de 1e classe de la marine, membre du Comité consultatif de la marine; Delatour, conseiller d'Etat, directeur général de la Caisse des dépôts et consignations. Le sous-chef du bureau des accidents du travail au Ministère du commerce devait remplir les fonctions de secrétaire.

(1) Rapport du Ministre du commerce sur l'application générale de la loi du 9 avril 1898. (Journal officiel du 24 février 1905).

profitant de la discussion du budget de la Marine, demandait à
M. le Ministre « qu'il nous indiquât ce qu'il compte faire pour donner
« satisfaction aux vœux des marins du commerce et des pêcheurs.
« Ceux-ci réclament depuis très longtemps une modification qui
« s'impose, une modification des plus légitimes à la loi du
« 21 avril 1898 qui a institué une Caisse de prévoyance en leur
« faveur. M. le Ministre est-il prêt à déposer un projet de loi dans
« ce sens et dans le plus bref délai ? ». M. Mirman, prenant la
parole aussitôt après : « Permettez-moi d'ajouter, dit-il, un mot
« sur cette question particulière dont la Chambre a été saisie à diffé-
« rentes reprises. Le Ministre du commerce, dans le courant de
« l'année dernière, pour donner une première satisfaction aux
« pêcheurs et à la Chambre, avait nommé une Commission extra-
« parlementaire chargée spécialement d'étudier les modifications à
« apporter à la loi relative aux accidents du travail en ce qui con-
« cerne les marins. Cette Commission s'est réunie un petit nombre
« de fois, mais elle est en sommeil depuis de longs mois. Je serais
« désireux que les Ministres du commerce et de la marine voulussent
« bien s'entendre pour hâter ce travail et donner aux marins les
« satisfactions qu'ils réclament. »
M. Pelletan, Ministre de la marine, a répondu qu'on ne pouvait
le soupçonner d'être un adversaire de cette réforme puisqu'il avait
lui-même, lutté pour elle à son banc de député, et il ajouta : « Quoi
« qu'il en soit, le projet est à l'étude, et vous pouvez compter que
« je le ferai aboutir à bref délai. La difficulté provient de ce que
« deux ministères sont intéressés dans la question (1).
C'est le 7 février 1903 que M. Pelletan prononçait ces paroles, et
ce n'est que le 19 septembre de la même année qu'il se décidait à
désigner son représentant, M. Devinck, auprès de la Commission
dont il est question. Nous avons vu qu'aussitôt cette nomination
connue, la Commission s'est mise immédiatement à l'œuvre et
termina sans retard ses travaux.

§

L'année 1903 devait encore voir le Congrès des Syndicats maritimes, qui s'est tenu à Douarnenez du 6 au 14 août.
La question de la Caisse de prévoyance n'y a, naturellement pas
été laissée de côté, et a donné lieu à une discussion des plus vives.

(1) *Journal officiel*. Débats parlementaires, Chambre des députés, séance du
7 février 1903, page 524, col. 1 et 2.

M. Le Bail, député, préconisa l'amélioration de la loi en réglementant la Caisse. Il compara la législation française aux législations étrangères et conclut qu'il était de l'intérêt des ouvriers maritimes de conserver le principe de la Caisse qui pourra s'améliorer peu à peu. Plusieurs délégués ont soutenu vivement le point de vue de M. Le Bail, qui leur donnait entière satisfaction. Le délégué du Havre déclara qu'il ne voterait un nouveau projet que si on supprimait les contributions des marins à la Caisse. Finalement, les congressistes votèrent un ordre du jour dans lequel « après avoir « entendu développer le projet tendant à améliorer l'organisation des « Caisses de prévoyance, et le considérant comme satisfaisant aux « intérêts généraux de la corporation, ils l'approuvent et demandent « au gouvernement de le déposer immédiatement en y introduisant « l'article suivant : « La Caisse de prévoyance, en ce qui concerne « les accidents qui arrivent aux pêcheurs qui naviguent à la part, « devra prendre à sa charge les frais de maladie des blessés ».

Le projet qui venait ainsi d'être discuté dans une de ses parties est devenu la proposition de loi déposée par MM. Brisson, Le Bail, et un grand nombre d'autres députés à la séance de la Chambre du 4 décembre 1903. En effet, tandis que de tous les côtés chacun travaillait à essayer de faire quelque chose pour le remaniement de cette Caisse de prévoyance, MM. Brisson et Le Bail préparaient, en s'entourant de tous les documents, un projet de loi de la plus haute importance ayant pour base le principe qu'il faut améliorer la situation des inscrits maritimes victimes d'accidents, et repousser toute assimilation entre eux et les ouvriers travaillant à terre.

Ce projet est le résultat d'un long et consciencieux travail ; il a été préparé de longue haleine avec l'aide des documents du Ministère de la Marine recueillis dans les diverses enquêtes qui ont été faites par lui depuis la promulgation de la loi du 21 avril 1898, et qui en ont montré les difficultés d'application ; il est destiné à devenir la base des discussions qui auront lieu dans les Chambres relativement aux modifications à apporter à la loi du 21 avril. C'est autour de lui que graviteront les amendements divers qui vont être déposés ; nous l'examinerons avec ceux que nous avons déjà laissés de côté et notamment avec le projet annexé au rapport Ricard qu'il a précédé de quelques jours seulement.

Ce projet de loi est si important que, dès qu'il a été connu, il a été discuté de tous côtés.

La Chambre de commerce de Marseille, et le Comité central des armateurs de France l'ont examiné particulièrement et ont chargé un de leurs membres d'étudier les modifications qu'il propose. M. le comte Albert Armand, pour la Chambre de commerce de Marseille, M. Verneaux, de la Cie des Messageries maritimes, pour le Comité central des armateurs de France ont fait chacun leur rapport respectif dans lequel ils acceptent, en principe, ce nouveau projet, le soutiennent, mais en font cependant ressortir quelques anomalies qui peuvent se résumer ainsi :

1° L'étonnant objectif que paraissent se proposer les auteurs et qui consiste à réduire à rien ou presque rien la contribution des inscrits, ce qui fait qu'on se trouvera bientôt en présence d'une nouvelle et singulière catégorie de prévoyants : des prévoyants qui ne paieront pas de cotisations.

2° L'augmentation sensible des charges de l'armement qui sont aggravées proportionnellement à la diminution accordée aux inscrits et qui peuvent être portées à plus du double de ce qu'elles sont actuellement, sans toutefois pouvoir jamais dépasser 4 °/₀ des salaires du rôle.

3° Le peu de stabilité des ressources sur lesquelles on compte pour l'entretien de la Caisse de prévoyance et notamment sur les 9 °/₀ des primes à la construction et à l'armement dont la retenue a été ordonnée par la loi du 7 avril 1902, mais pour une durée de 12 ans seulement, puisqu'aux termes de l'article 10 de cette loi, sa durée d'application est limitée à ce nombre d'années.

Cependant, les deux rapporteurs ont conclu à l'adoption du projet de loi, parce qu'il est très compréhensible que les pouvoirs publics cherchent à améliorer la situation des inscrits atteints par l'âge, les accidents ou les infirmités, que les armateurs doivent s'associer à ce qui peut être fait dans ce sens, qu'ils doivent y contribuer même dans la mesure du possible.

Nous ferons plus loin l'analyse plus complète de ce projet, et nous le comparerons avec les divers autres.

Tel est le dernier état de la question. Les travaux sont bien préparés et il reste maintenant au Parlement à donner enfin satisfaction aux nombreuses, réitérées et incessantes revendications du personnel naviguant.

DEUXIÈME PARTIE

Examen des principaux projets.

Il nous reste à examiner rapidement les derniers projets de modification que nous avons renvoyés à la fin de ce travail.

Ces projets ont été faits dans le but commun de venir en aide d'une manière plus efficace aux marins en augmentant les indemnités qui peuvent leur être accordées, en diminuant les charges qui leur incombent de ce chef, en augmentant la coopération des armateurs à l'entretien de la Caisse de prévoyance qui est maintenue par tous les projets sans exception.

Le soin, la méthode et le zèle avec lesquels ont été faites les enquêtes qui ont précédé le rapport de M. Durassier, auquel nous avons emprunté de nombreuses citations, font que le projet de loi présenté par lui comme conclusion est devenu la base fondamentale des modifications à apporter au régime actuel. M. Durassier a tenu à mettre à jour toutes les opinions qui ont été soumises ; il a su les grouper d'une façon si claire et si précise que son travail restera le modèle des rapports de ce genre.

Ses études ont amené M. Durassier à dire qu'il estimait, avec le plus grand nombre de ceux qui ont étudié la question, que le principe fondamental et même le cadre de la loi du 21 avril 1898 doivent être conservés ; que le meilleur moyen de ne pas rendre stériles les efforts qui ont été tentés, de profiter des enseignements qui découlent de l'application faite jusqu'alors de la loi, était de résister à la tentation de la couler dans un moule nouveau. Et il concluait en disant : « Réviser la loi actuelle, l'améliorer sur les points qui ont « provoqué des protestations vives de la part des intéressés ou « des critiques fondées de la part des administrateurs de quartier « qui, ayant eu à l'appliquer, ont pu se rendre compte de ses défec- « tuosités, telle est, à mon avis, l'œuvre utile qu'il y a à accom- « plir » (1).

Le rapport de M. Bernard, présenté au nom de la Sous-Commission du Conseil supérieur de la Marine marchande chargée d'examiner le projet de M. Durassier, s'est assimilé en grande partie le rapport de ce dernier dont il a admis les principes et les conclusions, et au projet duquel il n'a pas apporté de grandes modifications. Nous pouvons facilement nous en rendre compte par l'examen du tableau qui suit et dans lequel nous avons indiqué d'une façon visible les modifications apportées par chaque texte nouveau.

Admettant, comme l'avait fait M. Durassier, la théorie de ceux qui pensaient préférable de ne pas toucher à la loi du 21 avril, M. Bernard estime qu'il y aurait de grands inconvénients à éloigner toute idée d'amélioration justifiée et qu'il fallait ne pas sembler craindre

---

(1) Rapport de M. Durassier n° 237, page 52.

d'aller au-devant d'une discussion qui permettrait de dissiper bien des malentendus.

« La pensée unanime de la sous-commission, disait-il, est que nous devons améliorer la loi, non la réformer » (1).

Telle a été aussi la pensée de MM. Brisson, Le Bail et autres dans l'élaboration du projet qu'ils ont déposé à la Chambre. Ils reconnaissent que la loi du 21 avril 1898 n'a pas réalisé du premier coup la perfection, qu'elle a donné lieu à des discussions passionnées et à des critiques, malgré les avantages évidents que procurait cette réforme économique à nos populations maritimes, en comblant une lacune regrettable de notre législation sociale, et ils déclarent qu'il est bon d'y porter remède dans une large mesure. Mais, en fait, MM. Brisson, Le Bail et autres, se sont rattachés au système proposé par M. Durassier, qui reste le type, sur lequel on a élaboré quelques amodiations de forme et de fonds. C'est pourquoi il était intéressant de rapprocher sous un même tableau, les trois projets de modifications à la loi. Ils se complètent et s'expliquent l'un l'autre ; ils montrent la marche suivie dans la voie des modifications à faire subir au texte de la loi, et comment on en est arrivé à élaborer un texte qui est maintenant admis, en principe, par la plus grande partie des intéressés.

Le quatrième projet que nous aurons à examiner émane d'une catégorie de personnes différentes. Tandis que les trois premiers reflètent l'opinion du Ministère de la Marine, le dernier a été conçu par une Commission dans laquelle les représentants du Ministère du Commerce étaient en grande majorité. Il reflète donc bien les idées de ce Ministère qui est chargé de surveiller l'application de la loi du 9 avril 1898 dont il est le père, et il ne faut pas s'étonner qu'il ait voulu étendre aux marins les principes généraux de cette loi.

Nous nous trouvons donc en face de deux catégories de projets qui revêtent des caractères différents : d'une part, les projets qui émanent du Ministère de la Marine, de l'autre, celui qui provient du Ministère du Commerce.

Les premiers comprennent les projets Durassier, Bernard et Brisson-Le Bail, qui se sont succédé en s'améliorant réciproquement : l'autre comprend le projet annexé au rapport de M. Ricard.

Reprenons les uns après les autres les caractères des trois premiers projets, et tâchons de les déterminer d'une façon rapide. Il nous est

---

(1) Rapport Bernard, pages 1 et 2.

ımpossible d'entrer ici dans des détails qui seraient trop longs, contentons-nous de fixer les principaux points.

I. — *Maintien du principe servant de base à la Caisse de prévoyance.*

Ces trois projets admettent le maintien du principe servant de base à l'institution de la Caisse de prévoyance, ce principe est le suivant :

Caisse *gérée par l'État*, et formée par le groupement, en une vaste association, de tous les marins *inscrits* et *non inscrits*, astreints à *l'obligation* d'y être affiliés et de coopérer, concurremment avec les *armateurs*, à son alimentation, au moyen de *cotisations* ou *apports* prélevés sur les salaires et proportionnels au nombre d'hommes embarqués (1).

Ce principe qui avait été contesté tout d'abord, a été reconnu le seul pratique, permettant de donner des résultats appréciables.

II. — *Rejet de demande d'abrogation intégrale de la loi du 21 avril.*

Malgré ceux qui avaient proposé l'abrogation intégrale de la loi du 21 avril, pour la remplacer par une loi nouvelle dont il aurait fallu attendre les résultats, et qui aurait peut-être été critiquée tout comme la première, les trois projets conservent la totalité de la loi du 21 avril. Ils se contentent de l'amodier, mais en maintiennent le fonds.

III. — *Rejet de la faculté d'affiliation ; maintien de l'obligation.*

Nous avons vu, dans l'exposé des modifications proposées, que certains auteurs avaient manifesté l'intention de supprimer l'obligation d'être affilié à la Caisse pour y substituer la faculté. Nous savons ce qu'il faut penser des résultats d'une telle proposition et nous ne nous étonnerons pas que nos trois projets maintiennent l'obligation stricte pour tous : inscrits et non inscrits, embarqués sur le rôle d'équipage, de faire partie de la Caisse. Mais cette obligation leur est réservée exclusivement, et nul autre qu'eux ne saurait participer à ses avantages.

IV. — *Rejet de l'assimilation des marins aux ouvriers terrestres.*

De même que la loi du 9 avril 1898 a été faite pour les ouvriers terrestres, de même la loi du 21 avril restera seule appliquée aux

---

(1) Voir Rapport Durassier, n° 1, page 2.

marins. Nos trois projets éliminent avec soin la loi du 9 avril 1898 ;
ils ne veulent pas laisser d'incertitude sur la loi à appliquer, et
entendent que tout le personnel du navire soit soumis à la même loi :
celle du 21 avril modifiée. Ils établissent donc un régime uniforme
pour tout le personnel embarqué.

V. — *Nécessité d'alléger les charges de la petite navigation.*

1° La loi du 21 avril avait imposé aux propriétaires de bateaux de
pêche naviguant au bornage, une taxe fixe de 3 ou 4 francs, suivant
les catégories, par homme et par an.

Les trois projets que nous examinons sont d'avis de décharger la
petite navigation (pêche côtière, bornage, pilotage) de cette taxe.
Mais cette modification n'a plus de raison d'être maintenant, puisque
le législateur a déjà été au devant du désir de leurs auteurs, et a
déchargé les petits patrons pêcheurs de toute taxe, par l'article 81
de la loi de Finances du 30 mars 1902, sauf, bien entendu, de leur
cotisation individuelle d'inscrits qu'ils devront toujours continuer à
verser, mais le projet de MM. Brisson et Le Bail fait plus ; il a
étendu cette dernière exemption aux veuves de patrons de cette
catégorie (art. 4).

2° Ils tendent encore à améliorer la situation de la petite pêche en
l'exonérant des charges de l'article 262 du Code de commerce. Nous
pouvons remarquer, en effet, que les textes de l'article 12 font une
distinction entre les participants embarqués sur des bateaux dont
les patrons ou leurs veuves sont propriétaires, et les autres participants. Pour les premiers, les pensions prennent cours du jour de
leur mise à terre, pour les seconds, elles commencent à courir du
jour où ils ont cessé de recevoir leurs salaires, conformément à
l'article 262 du Code de commerce.

Cette disposition est critiquée par M. de Valroger dans son rapport (1). A première vue, dit-il, on ne comprend pas très bien cette
distinction. Les articles 262 et 263 du Code de commerce en vertu
desquels le matelot, tombé malade ou décédé pendant le voyage, a
droit à sa part comme s'il était resté à bord jusqu'à la fin de l'engagement, c'est-à-dire jusqu'au désarmement du rôle d'équipage s'appliquent aux engagements de pêche, sans qu'une distinction ait été
faite par la loi entre la grande et la petite pêche. Mais on a reconnu,

---

(1) Rapport de M. de Valroger, présenté à l'Association française du droit maritime au nom de la Commission spéciale chargée d'étudier la proposition de loi Brisson-
Le Bail, n° VII, page 15.

24

dans la pratique, que la stricte application des articles 262 et 263 aux engagements de la petite pêche, l'obligation de faire participer au bénéfice de la pêche un marin débarqué, amoindrirait le gain, à peine suffisant pour la subsistance de la famille, du propriétaire et de l'équipage ; et des Sociétés de secours mutuels, formées entre les patrons du littoral, ont, en général, pris à leur charge cette obligation que l'article 262 impose à l'armement.

M. de Valroger ajoute que c'est probablement pour ce motif que les projets de loi ont déchargé les petits bateaux de pêche de l'obligation de payer les loyers à partir de la mise à terre, et que pour indemniser les participants ainsi débarqués, ils font courir pour eux la pension dès le moment de la mise à terre. M. de Valroger, ainsi que la commission de l'Association française du Droit maritime, ne pense pas que le législateur puisse faire cette modification par une loi spéciale sans modifier l'article 262. Tant que la loi actuelle est en vigueur, que l'article 262 n'a pas été modifié, elle déclare qu'un nouveau texte de loi ne peut empêcher une partie des ayants droit de s'appuyer sur ce texte et d'en réclamer l'application à son profit.

Cette exigence nous paraît un peu sévère ; il est facile de contenter tout le monde en déclarant que l'article 262 du Code de commerce est modifié en ce sens et en le mentionnant dans le texte de la loi ; cela ne saurait empêcher de confirmer par un texte de loi, un usage constant qui subsisterait néanmoins.

Il vaut donc mieux laisser le texte du projet accorder cette amélioration aux petits patrons, propriétaires de leur barque.

VI. — *Réduction de moitié de la cotisation des armateurs en eaux abritées*

Cette réduction avait été demandée au cours de l'enquête préalable au rapport de M. Durassier ; elle était réclamée comme le juste corollaire de la loi du 20 juillet 1897. En effet, aux termes de l'article 6 de cette loi, la navigation exclusivement pratiquée dans l'intérieur des ports, fleuves, rivières, bassins, lacs et étangs salés n'est évaluée que pour moitié de sa durée effective dans les évaluations du temps donnant droit à la demi-solde. Cette loi avait été préparée dans le but d'enrayer la navigation fictive qui avait pris à cette époque un développement considérable, et permettait à des pseudo-marins de profiter des avantages accordés aux vrais marins, et de bénéficier des pensions créées pour couvrir les risques de mer seuls. Mais de même que ces pseudo-marins voyaient leur temps réduit de moitié, de même ils demandaient une réduction parallèle de moitié de leur versement à la Caisse.

C'est à ces *desiderata* que l'article 3 *in fine* du projet Durassier a voulu faire droit en déclarant que les cotisations sont réduites de moitié pour le personnel inscrit ou non-inscrit embarqué sur un bâtiment pratiquant exclusivement la navigation dans l'intérieur des ports, fleuves, rivières, bassins, lacs et étangs salés.

M. Bernard a accepté cette proposition, et en a tenu compte dans l'établissement des chiffres des cotisations qu'il a réduites proportionnellement. MM. Brisson et Le Bail ont repris le texte de M. Durassier qu'ils ont préféré. Ils ont trouvé qu'il avait l'avantage d'être plus net, plus précis, et en même temps, plus général.

VII. — *Cotisations des inscrits, apports des armateurs*

M. Durassier, dans son rapport, concluait qu'il y avait lieu de maintenir les cotisations des inscrits et les apports des armateurs tels qu'ils ont été fixés par la loi du 21 avril. Sa décision avait été prise pour donner satisfaction aux nombreuses observations qui lui avaient été présentées au cours de son enquête, et qui tendaient à continuer pendant un certain temps encore l'expérience de la loi du 21 avril, avec ses chiffres, ce qui permettrait de se procurer des éléments statistiques indispensables dans une matière aussi délicate que l'assurance des accidents et des risques maritimes.

a) *En ce qui concerne les participants*

M. Durassier maintenait le texte de la loi du 21 avril ; les inscrits avaient à verser une cotisation égale à la moitié des taxes perçues sur leurs gains et salaires en faveur de la Caisse des Invalides de la Marine ; il y ajoutait que les non-inscrits verseraient une cotisation de 1 fr. 50 % de leurs gains et salaires inscrits sur le rôle d'équipage ; M. Bernard, et la Sous-Commission du Conseil supérieur de la Marine marchande n'ont pas été de cet avis et ont remanié totalement cet article. « On a voulu, dit M. Bernard dans son rapport (1), en « introduisant des modifications dans cet article, tenir compte des « plaintes qui se sont produites au sujet de la charge que, dans certains cas, la retenue de 1 fr. 50% sur les salaires imposait à quelques « catégories de marins. Mais votre Commission a pensé qu'il était « inadmissible de laisser, en dehors de l'application de la loi telles ou « telles régions, sous prétexte de conserver intacte leur autonomie,

(1) Rapport de M. Bernard, article 3, page 18 et suivantes.

« comme se suffisant à elles-mêmes par une sorte de mutuelle. La
« loi doit être la même pour tous les marins, inscrits et non-inscrits ;
« elle doit profiter à tous sans aucune distinction, sauf à tenir compte
« dans la mesure du possible, d'atténuations dont nous avons été les
« premiers à adopter le principe ».

Aussi, après avoir établi que les cotisations du personnel naviguant sont de 1 fr. 50 % des salaires portés au rôle, le projet indi-
que-t-il des réductions pour les diverses catégories, réductions qui
apportent un allègement considérable pour ceux dont la situation
est particulièrement intéressante.

MM. Le Bail et Brisson ont adopté la théorie du Conseil supérieur
de la Marine marchande, mais l'ont simplifié et ont établi immédiatement le tant % afférent à chaque catégorie de personnel. Cette
manière de procéder a l'avantage d'être claire et précise et de fixer
pour chacun le tarif sur lequel sera perçue la retenue qu'il aura à
subir.

On a donc admis définitivement le principe d'une cotisation de la
part du marin ; on ne pouvait raisonnablement pas laisser à la
charge de l'armement seul la responsabilité des risques auxquels
est exposé le marin et qui sont plus nombreux que dans l'industrie
terrestre puisqu'ils comprennent le risque de maladie que ne supporte pas ladite industrie ; mais si la cotisation doit être maintenue
pour le principe, il était nécessaire de la réduire autant que possible.

Rappelons, pour ordre, que le législateur est déjà entré dans les
vues de divers rapporteurs et que la cotisation des inscrits fixée par
l'article 3 de la loi du 21 avril 1898 à *la moitié* des taxes perçues en
faveur de la Caisse des Invalides de la Marine, a été réduite à *un
tiers* à partir du 1er janvier 1903 par la loi du 8 décembre 1902, et
que le maximum des cotisations pour les inscrits des deux dernières catégories qui était fixé à 2 fr. par la loi du 21 avril a été réduit
à 1 fr. 33 par cette même loi du 8 décembre 1902.

Les projets de loi nouveaux apportent encore une diminution sur
ces chiffres au grand avantage des marins.

M. Delarue (1), dans son contre-projet, présenté à l'Association
française de Droit maritime, avait proposé de fixer la cotisation de
tous les participants d'une manière uniforme à 1 % des salaires ;
mais la Commission de cette Association a repoussé cette proposi-

(1) Contre projet présenté par M. Delarue à la Commission de l'Association française du Droit maritime chargée le 5 décembre 1904, d'étudier la proposition de loi
tendant à modifier la loi du 21 avril 1898, (projet Brisson-Le Bail).

tion, pensant, dit M. de Valroger, rapporteur de cette Commission, que si les pensions doivent varier suivant le grade et les catégories, il convenait de tenir compte des grades ou emplois pour augmenter ou réduire la quotité des cotisations.

b). En ce qui concerne les armateurs

La loi du 21 avril les avait assujettis à une taxe égale au montant de celles acquittées par leurs équipages.

M. Durassier avait maintenu cette disposition ; mais il avait remplacé le mot : « leurs équipages » par « tout le personnel embarqué, porté sur le rôle d'équipage ».

M. Bernard avait accepté cette rectification et avait adopté l'article tel quel.

Le projet de MM. Brisson-Le Buil a modifié ce texte pour dire que les armateurs seront assujettis au versement d'une taxe égale à 2 fr. pour 100 fr. des salaires portés sur le rôle d'équipage pour les inscrits ainsi que pour les non-inscrits indiqués à l'article premier.

Ainsi, tandis qu'on réduit les cotisations des marins, on augmente celle des armateurs d'une façon sensible.

M. Delarue avait proposé à l'Association française du Droit maritime de fixer la cotisation de l'armateur non pas d'après les salaires de l'équipage mais d'après le tonnage du navire, à tant par tonneau. Il faisait remarquer que des bâtiments d'un petit tonnage, comme les navires de pêche, ont souvent un nombreux équipage, tandis que des longs-courriers de 2.000 tonneaux naviguent quelquefois avec 20 ou 25 hommes ; que, dès lors, le système de la cotisation fixée d'après les salaires de l'équipage est particulièrement lourd pour les bâtiments affectés à la grande pêche. M. de Valroger, dans son rapport, a déclaré que la cotisation des armateurs comme celle des marins doit être fixée, eu égard aux salaires, qui représentent en réalité le nombre et la durée des services des participants. Il ajoutait : « C'est le système le plus simple et aussi le plus logique : les risques « d'accident sont proportionnés au nombre des marins embarqués, « la cotisation de l'armateur doit être calculée suivant cette propor- « tion. Il ne faut pas oublier que si les cotisations deviennent « plus lourdes pour les propriétaires de bâtiments employés aux « grandes pêches, d'une part, le profit est, en général, d'autant plus « grand pour l'armateur que le nombre des marins est plus élevé, « et d'autre part, que les accidents professionnels sont plus fré- « quents à bord des bâtiments de pêche que sur les autres bâti- « ments. (1) »

(1) Rapport de M. de Valroger, page 10.

Mais ce n'est pas là le seul sacrifice que l'on demande aux armateurs. En effet, les divers projets de modification à la loi prévoient
qu'en cas d'une succession de déficits annuels ayant entraîné des
avances de l'Etat, le taux des cotisations ou versements pourra être
momentanément relevé. Cette proportion était limitée au tiers des
contributions par la loi du 21 avril; M. Durassier avait maintenu
ce chiffre, M. Bernard l'a modifié entièrement en disant qu'elle
pourra être élevée au double du chiffre prévu par l'article 4, soit au
maximum 3 %.

Le projet de MM. Brisson et Le Bail adopte cette proposition, mais
élève la majoration au double de la cotisation des armateurs portée
à 2 % par l'article 4, soit à 4 %.

M. de Valroger paraît accepter cette aggravation des charges des
armateurs; mais M. Verneaux la trouve excessive et demande que le
taux des taxes des armateurs ne pourra, en aucun cas, dépasser
3 %.

VIII. — *Relèvement du taux de la demi-solde d'infirmité, des pensions des veuves, des secours aux orphelins et aux ascendants.*

Du moment que l'on reconnaît la nécessité, la légitimité même
d'assurer l'ouvrier de la mer contre les risques de sa profession, on
ne peut se dérober aux conséquences de ce principe; or, les pensions d'infirmité, telles qu'elles ont été accordées dans la loi
du 21 avril 1898, étaient manifestement insuffisantes. C'est cette
tarification inefficace qui a été la base des réclamations les plus fondées, et les divers projets ont tendu à son augmentation constante.
Il ne faudrait cependant pas tomber d'un extrême à l'autre, et
passer d'une indemnité dérisoire à une indemnité trop lourde pour
les fonds destinés à la payer.

Si nous comparons les divers tableaux qui sont annexés, soit à la
loi du 21 avril, soit aux projets modificatifs, nous voyons qu'ils mar-
quent une augmentation croissante du taux des rentes et indemnités.

Prenons, par exemple, l'inscrit maritime de la dernière catégorie;
la loi du 21 avril lui accorde, en cas de non-cumul avec la demi-
solde, une rente de 204 fr. qui est ramenée à 102 fr., en cas de
cumul avec cette demi-solde.

Déjà, dans le projet Durassier, ces rentes étaient plus que dou-
blées, puisque le même inscrit aurait eu droit, en cas d'infirmité du
1er degré et de non-cumul, à une rente de 450 fr.; en cas d'infirmité

du 2ᵉ degré et de non-cumul, à une rente de 300.fr., et à une rente de 150 fr. en cas de cumul.

Le projet de M. Bernard acceptait les mêmes chiffres, il n'aggravait pas la situation.

Mais, où cette aggravation paraît devenir dangereuse, c'est dans le projet Brisson-Le Bail. Ces mêmes inscrits, dans les mêmes conditions, auraient droit à une rente de 600 fr. en cas d'infirmité du 1ᵉʳ degré et de 390 fr. en cas d'infirmité du 2ᵉ degré, qu'il y ait cumul ou non-cumul avec la demi-solde, ce qui est un des points essentiels du projet Brisson-Le Bail.

Ce sont des proportions énormes, et, cependant, elles tendent à égaliser les pensions des marins avec celles qui sont accordées aux ouvriers terrestres, parce qu'on n'a tenu compte pour le marin que du salaire du rôle, c'est-à-dire le seul salaire espèce, sans y ajouter la valeur représentative des avantages en nature ; et reprenant l'exemple de l'inscrit maritime de la dernière catégorie, on dit : cet inscrit, ne gagnant pas plus de 75 fr. par mois, recevrait, en cas d'incapacité absolue, une pension de 600 fr., qui correspond exactement à la pension qu'accorde, dans le même cas, la loi du 9 avril 1898, à l'ouvrier gagnant par an 900 fr. (75 fr. par mois, avantages en nature compris).

Cette coïncidence est exacte, mais il faut remarquer qu'elle s'applique à la dernière catégorie des inscrits ; que, par suite, ce sont les chiffres les plus modestes, mais qu'ils augmentent considérablement dans les autres catégories, et deviennent bien supérieurs aux chiffres produits par la loi du 9 avril.

En effet, calculons la rente qui serait accordée par la loi du 9 avril 1898 à un capitaine ou mécanicien de 1ʳᵉ classe gagnant 3,600 fr. par an (300 fr. par mois).

Il aurait droit aux 2/3 jusqu'à 2.400 fr., soit........   1.600 f. »

Plus les 2/3 du 1/4 du surplus, soit les 2/3 de 300 fr., ou.   200 »

Ce qui donne un total de................   1.800 f. »

Alors que dans le projet Le Bail, ce même capitaine ou mécanicien toucherait pour le 1ᵉʳ degré une rente de.   2.200 »

Soit une rente supérieure de......   400 f. »

M. Delarue, dans son contre-projet présenté à l'Association française du Droit maritime, a critiqué le système suivi pour l'échelle des pensions ; il a soutenu que celles-ci devaient varier, non d'après le grade et les catégories, qui sont toujours un peu arbitraires, mais d'après les salaires effectivement gagnés.

Cette théorie a été admise par la Commission de l'Association française du Droit maritime, qui a estimé qu'il y avait lieu de prendre en considération pour évaluer le chiffre de la pension, le salaire et non le grade (1). Ce système se base sur ce fait, que le salaire des marins n'est pas toujours en rapport avec le grade, qu'en matière maritime, à un grade déterminé, ne correspond pas toujours un traitement fixe, et qu'en fait, dans la marine marchande, les salaires varient indépendamment du grade; et on cite cet exemple: Un jeune capitaine au long cours, célibataire, pourvu du brevet supérieur, embarqué comme lieutenant, à 150 fr. par mois, victime d'un accident du 1er degré, bénéficiera d'une pension annuelle de 2,200 fr. Par contre, un maître au cabotage, marié et père de plusieurs enfants, exerçant un commandement depuis 15 ans, dont les appointements mensuels sont de 300 fr., et qui sera victime du même accident, ne bénéficiera que d'une pension de 1,320 fr. Le dommage causé au second et à sa famille aura été cependant plus considérable que celui qu'a subi le premier; le dédommagement sera cependant en proportion inverse (2).

Cet exemple paraît frappant, et nous nous rangerions facilement à l'opinion de M. de Valroger; mais, en ce cas, il faudrait prendre pour base des indemnités le montant des salaires du rôle seul, qui est toujours très exactement connu, et qui n'amènerait pas les difficultés sans nombre que soulève encore chaque jour l'établissement du salaire de base dans l'application de la loi du 9 avril 1898.

Du moment que l'on relevait le taux de la demi-solde d'infirmité, il fallait en moduler les avantages, car on ne pouvait attribuer à deux blessures ayant produit des incapacités de nature différente, une réparation identique. M. Durassier était d'avis de substituer à l'unique demi-solde d'infirmité, prévue à l'article 5 de la loi du 21 avril, deux catégories de pensions qu'il désigna ainsi:

1º *Pension viagère d'infirmité absolue* (1er degré);

2º *Pension viagère d'infirmité partielle* (2e degré).

Il supposa que l'invalidité à laquelle le marin est exposé, pouvait être de deux natures. Si elle est complète, permanente, absolument

---

(1) Voir le rapport de M. de Valroger, § VII.

(2) Voir le rapport de M. Verneau, (page 947, en note), circulaire 308 du Comité Centr des armateurs de France.

incurable et rend le marin pour toujours incapable de toute espèce de travail, il lui accorde la *pension du 1er degré*. Si, au contraire, tout en étant permanente, elle est seulement partielle, par suite, par exemple, de sa localisation à un organe non essentiel, et ne rend pas le marin inapte à tout travail, il lui accorde *la pension du 2e degré*.

C'est cette graduation dans la pension qu'il a appliquée dans le projet annexé à son rapport. Elle a été adoptée par M. Bernard et passe tout entière dans le projet Brisson-Le Bail.

Nous devons cependant faire observer que s'il est naturel que la pension afférente à une incapacité permanente et partielle, doit être inférieure à celle due en cas d'incapacité permanente et absolue, il n'en faut pas moins tenir compte qu'il y a des degrés très sensibles dans l'incapacité permanente partielle, et qu'il serait équitable de proportionner les rentes à l'incapacité effective, d'après le principe émis dans la loi du 9 avril 1898. Il nous semble, en effet, absolument injuste de donner une rente égale à un marin qui a perdu deux doigts, et à un autre qui aurait perdu un membre complet (bras ou jambe). Ces deux infirmités, quoique permanentes, ne sont cependant que partielles.

Il nous semble qu'il y aurait lieu de rectifier le projet en s'inspirant du principe émis par l'article 3 de la loi du 9 avril 1898, dans la partie concernant la fixation des rentes dues, en cas d'incapacités permanentes partielles.

L'augmentation des rentes n'a pas porté seulement sur les marins, elle s'applique aussi aux secours accordés aux veuves, aux orphelins et aux ascendants.

Les trois projets Durassier, Bernard et Brisson-Le Bail prévoient qu'une femme titulaire d'une pension du chef de son premier mari, se remarie et redevient veuve; elle ne peut prétendre, du chef de son second mari, à une deuxième pension de même nature que la première, à moins qu'elle ne renonce à celle dont elle jouissait déjà.

Nous ferons observer que cette disposition est conforme aux règles qui régissent les pensions des marins, mais qu'il serait plus régulier et plus conforme à l'esprit général de notre droit sur la matière de supprimer toute rente à toute veuve se remariant. C'est également l'avis de la Commission de l'Association française du Droit maritime (1).

---

(1) Voir rapport de M. de Valroger, page 13.

IX. — *Relèvement du taux de l'indemnité journalière*

D'après la loi du 21 avril dans le cas où l'impossibilité de naviguer n'était pas définitive, les inscrits recevaient une indemnité temporaire, calculée d'après le taux annuel prévu au tarif 7 annexé à la loi. En conservant le même principe, M. Durassier augmentait par le fait même, le taux de l'indemnité journalière.

Il est certain, en effet, qu'avec une somme de 0 fr. 56 par jour, chiffre qui ressort des tarifs annexés à la loi du 21 avril, il n'est pas possible au marin, atteint de blessure ou de maladie, de faire face à ses dépenses de subsistance et de traitement médical et pharmaceutique. M. Durassier, dans son rapport, avait proposé de fixer à 1 fr. 25 par jour l'indemnité temporaire d'infirmité; il a inséré ce chiffre dans le texte de son projet en indiquant que l'indemnité journalière sera calculée d'après le taux prévu au tarif annexé pour la *demi-solde* d'infirmité du 1er degré.

M. Bernard et la Sous-Commission de la Marine marchande ont admis le même principe. MM. Le Bail et Brisson l'ont accepté; mais, il est bon de rappeler que ces indemnités temporaires, bien légitimes du reste, ne commenceront à courir qu'après que l'armateur aura satisfait aux charges de l'article 262 du Code de commerce et pour la petite pêche, à partir du jour de la mise à terre.

X. — *Modification de la disposition* (art. 10) *réduisant de moitié la demi-solde d'infirmité et autres allocations en cas de cumul avec une autre pension.*

L'article 10 de la loi du 21 avril prononçait, en effet, cette réduction. Mais il a été reconnu qu'il était dur de faire subir cette réduction au marin, et cet article 10 a été, au cours de l'enquête qui a précédé le rapport Durassier, l'objet de vives protestations. « On ne « voit pas pourquoi, disait l'Administrateur du quartier du Havre, « des inscrits ayant versé des cotisations identiques jouiront de « pensions d'infirmités différentes suivant qu'ils bénéficieront ou non « d'une pension d'ancienneté. Il n'existe aucune corrélation entre « ces deux natures de pension. Le titulaire d'une pension d'ancien- « neté la reçoit en équivalence de son temps de service et des rete- « nues qu'il a subies sur sa solde. Pourquoi cette situation vient- « elle influer sur la quotité de la pension qu'il aura à recevoir pour « blessures ? (1) ».

---

(1) Rapport Durassier n° 127 p. 31.

MM. Durassier et Bernard avaient néanmoins maintenu cette disposition, mais ils en avaient atténué les termes ; MM. Le Bail et Brisson en ont, au contraire tenu compte et modifié le texte dans ce sens. L'article 10 de leur projet déclare que les pensions et allocations sont indépendantes des pensions militaires ou civiles, des pensions dites demi-soldes ou dérivées de la demi-solde ainsi que des secours d'orphelins accordés sur les fonds de l'Etat ou sur ceux de la Caisse des Invalides de la Marine.

Cette disposition est conforme à la jurisprudence adoptée pour les accidents terrestres régis par la loi du 9 avril 1898.

XI. — *Suppression de la disposition* (art. 13) *portant radiation de la demi-solde d'infirmité en cas de reprise de la navigation professionnelle.*

La radiation de la demi-solde imposée par l'article 13 équivalait pour le marin à l'interdiction de travailler de la seule façon qui lui permette de gagner convenablement sa vie ; elle poussait à la dépression morale, déconseillait l'énergie aux marins et les laissait, par suite, en proie à l'attirance du cabaret, contre lequel la Marine s'efforce de lutter par tous les moyens. Et en effet, disait le Commissaire de l'Inscription maritime d'Antibes, « les cas ne sont pas rares « de marins ayant perdu l'usage d'un membre qui rament ou « tiennent la barre dans une embarcation. Il existe des blessures et « des maladies, qui, au premier abord, mettent dans l'impossibilité « absolue et définitive de continuer la navigation ou la pêche et qui, « par la suite, grâce au traitement suivi, ou par toute autre cause, « permettent encore de figurer dans un équipage et de rendre de « réels services maritimes. Si maigres que soient les salaires ainsi « gagnés, ils fournissent aux malheureux qui peinent la possibilité « d'améliorer leur situation (1) ».

Aussi, M. Durassier proposa-t-il la suppression de cette disposition. Cette suppression fut admise par M. Bernard et par MM. Brisson et Le Bail. Elle ne se trouve plus dans aucun projet.

XII. — *Restriction des actions en responsabilité susceptibles d'être dirigées contre les armateurs*

Nous avons vu que les projets de loi tendaient tous à aggraver dans des proportions différentes les charges des armateurs ; il fallait,

(1) Rapport Durassier n° 130 p. 32.

tout au moins leur donner une compensation; cette compensation, on la chercha dans la diminution de leur responsabilité et en essayant de faire jouer à la taxe le rôle de prime d'assurance.

Les armateurs se plaignaient, à juste titre, d'être contraints d'un côté de contribuer à la formation du fonds destiné à servir des pensions ou indemnités aux victimes de la navigation, et l'autre de rester sous le coup des revendications de la part des victimes ou de leurs ayant droit. Ils soutenaient qu'ils étaient d'autant plus fondés à se considérer comme dégagés de toute responsabilité de ce côté que : 1º déjà, lorsque des marins de leurs équipages tombent malades ou sont blessés pendant l'embarquement, ils sont tenus, en vertu de l'article 262 du Code de commerce, de leur payer pendant 4 mois les mêmes salaires que s'ils travaillaient, de les traiter et de les panser à leurs frais ; 2º que, pour se prémunir contre les lourdes et coûteuses conséquences dudit article 262, qui n'est pas aboli par la loi du 21 avril, ils sont forcés de s'assurer à des Compagnies privées, ce qui fait que cette loi a pour résultat de leur imposer, en quelque sorte, deux primes d'assurance (1).

Or, la loi du 21 avril, loin de les garantir de ce chef, stipule que la Caisse de prévoyance peut, indépendamment des victimes d'accidents ou de leurs ayant cause, et suivant les règles du droit commun, les rendre responsables, soit directement, soit en la personne de leurs agents et préposés à bord, des fautes intentionnelles ou fautes lourdes ayant entraîné mort, blessures, infirmités ou maladies.

Le vœu formé par les armateurs au cours de l'enquête faite par M. Durassier peut se libeller ainsi : « *Être garantis contre les aléas « et les charges imprévues pouvant venir brusquement rompre l'équili- « bre financier de leurs entreprises.* » (2).

C'est pour satisfaire à ces justes réclamations que les projets tendent à exonérer l'armateur d'une partie de la responsabilité des articles 1382 et suivants du Code civil. MM. Durassier, Bernard, et après eux MM. Brisson et Le Bail, rédigent leur projet du nouvel article 11, en autorisant les recours contre toutes personnes autres que l'armateur, le patron ou ses préposés.

Cette proposition est vivement critiquée par la Commission de l'Association française du Droit maritime. Elle fait les observations suivantes : 1º Dans la proposition de loi (projet Le Bail) comme

---

(1) Rapport Durassier nº 161 p. 37.
(2) Rapport Durassier nº 166 p. 38.

dans la loi du 21 avril 1898, il n'est question que de l'action directe des articles 1382 et 1383 contre les personnes en faute. Il n'a pas été parlé de l'action en responsabilité civile (article 1384 du Code civil et 216 du Code de commerce); 2° Au point de vue de l'action directe, entre les deux rédactions, il y a cette différence que la loi du 21 avril n'admet l'action directe que contre les personnes responsables de *faits intentionnels ou fautes lourdes*, tandis que le projet (Le Bail) admet l'action directe contre toute personne responsable d'une faute quelconque dans les termes des articles 1382 et 1383 du Code civil, mais en faisant exception pour *l'armateur, le patron ou ses préposés.*

Et elle conclut : « La Commission croit devoir n'accepter ni le système de la loi du 21 avril 1898, ni celui de la proposition de loi. Il lui a paru qu'il n'y avait en réalité, aucune raison pour décharger un armateur, un capitaine, un matelot, de la *responsabilité directe* dérivant d'une faute *personnelle* envers un participant. L'exonération admise en faveur de l'armateur et de ses préposés par la proposition de loi (projet Le Bail) doit donc être repoussée (1) ».

De son côté, le Comité central des armateurs de France a examiné cette proposition, et sans en contester le fonds, il propose d'en modifier la forme.

Dans son rapport, M. Verneaux reconnaît que la proposition de loi (projet Le Bail) introduit dans l'article 11 des mots qui semblent indiquer l'intention d'affranchir l'armateur de tout recours. Les actions dérivant du droit commun n'existeraient plus que contre les auteurs de dommages « autres que l'armateur, le patron ou ses préposés. » Mais il insiste sur ce que cette innovation ne paraît pas suffisamment garantie par le texte proposé, et il conseille d'en rechercher un autre.

En effet, il convient de prévoir une objection fondée, qui consisterait à dire : les recours contre l'armateur semblent exclus sans distinction par la rédaction proposée ; or, il est évidemment impossible d'admettre qu'il ne réponde pas de ses fautes intentionnelles c'est-à-dire de ses délits.

Il faut, d'après lui, faire admettre l'idée générale que par la loi future, l'armateur sera couvert de toutes les responsabilités dont il lui serait possible de se couvrir au moyen d'une assurance, et il complète son raisonnement en disant qu'il y a lieu de distinguer entre les fautes du capitaine ou de l'équipage et celles de l'armateur.

---

(1) Rapport de M. de Valroger, p. 18.

« Il y aurait à spécifier, dit-il, que l'armateur est complètement
« affranchi, dans la matière des accidents ou maladies, de la responsa-
« bilité des fautes du capitaine et de l'équipage, sans distinction.

« Quant à la responsabilité de ses fautes personnelles, il devrait en
« être affranchi, sous réserves de ses fautes intentionnelles. Et, pour
« restreindre les discussions sur la nature des fautes, nous proposerions
« d'ajouter qu'il demeurerait seulement tenu de ses fautes intention-
« nelles, constatées par une décision pénale.

« On pourrait adopter une formule analogue pour les actions diri-
« gées personnellement contre le capitaine ou un membre de l'équipage.
« La proposition de loi tend à supprimer toutes actions contre ceux-
« ci. (1) »

Pour terminer ses observations, il est d'avis de substituer une nouvelle rédaction à celle de l'article 2 et de le libeller ainsi :

« Les dispositions ci-dessus, ne font pas obstacle aux actions des
« participants, de leurs ayants cause, ou de la Caisse de prévoyance
« subrogée à leurs droits, contre les personnes responsables, aux ter-
« mes de la loi, de l'accident ou de la maladie.

« Par dérogation aux dispositions relatives aux responsabilités qui
« pèsent sur eux en leur qualité, l'armateur ou le propriétaire du navire
« sont affranchis de la responsabilité civile des fautes du capitaine ou
« de l'équipage ayant occasionné l'accident ou la maladie.

« Ils ne seront tenus à réparation à l'égard de la victime et de ses
« ayants cause, que si l'accident ou la maladie sont dus à leur faute
« personnelle intentionnelle constatée par une condamnation pénale,
« et sous déduction des indemnités et pensions dues par la Caisse de
« prévoyance.

« Les participants ne sont tenus que dans les mêmes conditions de
« réparer les conséquences de leurs fautes personnelles. »

Cette formule se rapproche des dispositions relatives aux accidents terrestres régis par la loi du 9 avril 1898, pour les accidents
dus à une faute inexcusable ou intentionnelle du patron, et il nous
semble qu'elle doive être acceptée puisque les armateurs, par le
fait de l'assurance à l'Etat, doivent être dégagés dans la plus grande
mesure possible de toute responsabilité.

Nous ajouterons que, comme le demande M. de Valroger, en cas
de responsabilité pour faute personnelle et intentionnelle de l'armateur, il soit déduit des indemnités auxquelles il peut être condamné, les indemnités dues par la Caisse de prévoyance.

---

(1) Rapport de M. Verneaux, au Comité central des armateurs de France,
p. 949

XIII. — *Maintien de la subrogation et de la déduction* (art. 11).

Il est naturel, en effet, que lorsqu'un tiers est déclaré responsable aux termes du droit commun, les indemnités qu'il sera condamné à payer de ce chef viennent en déduction des sommes à payer par la Caisse de prévoyance.

On est d'accord sur ce point, et chaque projet s'est efforcé d'en maintenir le principe.

De nombreuses protestations s'étaient élevées à ce sujet, mais on en a reconnu l'efficacité et la validité.

On comprend, en effet, que l'exercice de ce droit, lorsqu'il aboutit à l'obtention d'une indemnité, dégage, dans une mesure équivalente, la Caisse d'assurance de ses obligations envers les assurés. L'intervention de la Caisse n'est d'ailleurs pas obligatoire, et il est bien certain que cette dernière n'agira que très rarement et lorsque les droits lui paraîtront suffisamment établis pour risquer les frais d'un procès.

Il est bien juste que, dans ce cas, la Caisse profite, sous la forme d'une réduction de ses charges, des diligences et démarches qu'elle aura faites en vue de faire obtenir à la victime d'un accident, un réglement plus équitable et plus avantageux de son indemnité ou pension.

XIV. — *Extension du délai de déchéance de 2 à 6 mois* (art. 21).

Le délai de 2 mois accordé par la loi du 21 avril aux intéressés pour faire valoir leurs droits, a été jugé insuffisant. Les auteurs des divers projets sont tous d'accord pour porter ce délai de 2 à 6 mois.

On s'est rendu compte que la loi ayant été faite dans l'intérêt du marin, il était juste de lui donner toutes les facilités désirables pour lui en faire obtenir, quand il y a lieu, le bénéfice.

XV. — *Système financier.* — *Administration de la Caisse de prévoyance.*

Le problème qui se présentait aux auteurs des projets de loi était le suivant : augmenter les pensions des participants et diminuer leurs cotisations. Pour le résoudre, il fallait modifier le système financier de la loi du 21 avril.

Dans ce système, en effet, le payement des pensions de secours est garanti au moyen de la constitution annuelle du capital présumé nécessaire pour servir jusqu'à leur extinction les allocations accordées pendant l'année écoulée. Ce capital est calculé en appli-

quant au montant des pensions et secours concédés pendant l'année, les règles suivies par la Caisse nationale des retraites et en
ajoutant au produit ainsi obtenu, la somme des indemnités allouées
et des frais d'administration dépensés pendant ladite année. C'est
le système de la *capitalisation*. Il donne le maximum de sécurité,
mais tout en imposant de lourdes cotisations aux participants, il
ne permet d'allouer que des pensions très faibles.

Un autre système peut être employé, c'est celui de la *répartition*.
Il est adopté en Allemagne. Il consiste à ne faire état, année par
année, que des recettes encaissées pendant l'exercice, en les partageant entre les titulaires des pensions. Ce système a l'avantage de
dégrever largement le présent et permet d'augmenter notablement
les pensions des participants, tout en diminuant leur cotisation et
sans augmenter, outre mesure, au début, les charges des armateurs.

Malheureusement, on ne peut rien préjuger de la suite, il est
plutôt à craindre que celles-ci n'augmentent rapidement dans l'avenir, dans des proportions qu'il nous est impossible de prévoir.

Aussi, au point de vue de l'Etat, ce système financier serait
moins prudent que le système actuellement en vigueur.

M. Durassier n'a pas voulu prendre parti, dans son rapport,
pour un système ou pour l'autre; il s'est contenté de les énoncer
tous les deux en réservant les quelques modifications à apporter à
son projet pour le cas où l'on accepterait le premier système ou le
second.

M. Bernard fait remarquer que la Caisse n'a pas seulement à
pourvoir à des pensions, mais qu'elle doit faire face aussi à des
secours annuels aux orphelins et aux ascendants, par exemple; que
ces secours continuent jusqu'à un âge déterminé pour les uns, jusqu'au décès pour les autres; qu'enfin elle doit pouvoir verser des
secours temporaires ou renouvelables ; que, dans ces conditions, il
n'est pas possible de procéder comme on le fait quand on n'a
qu'à servir des pensions, et il propose d'accepter la capitalisation
pour les pensions viagères.

Au surplus, il lui importe peu que la Caisse procède d'une
manière ou de l'autre ; l'essentiel pour lui, c'est qu'elle réponde au
but poursuivi en étant en mesure de distribuer pensions et secours,
conformément aux dispositions de la loi.

MM. Brisson et Le Bail ont pris le système inverse, celui de la
répartition, avec néanmoins constitution d'un fonds de réserve
formé lorsque le produit des ressources ordinaires de la Caisse
dépassera le chiffre du capital nécessaire.

Nous avons vu les inconvénients de ce système, il faut reconnaître cependant qu'il a des avantages, puisqu'il est organisé en Belgique avec succès depuis plus de 18 ans (1).

Cependant, nous sommes partisans du système de la capitalisation, parce que si, au début, les armateurs ont à supporter une légère surcharge, l'avenir se présente dans des conditions meilleures, et se trouve à l'abri de toute surprise désagréable pour ceux qui auraient à combler les vides creusés par l'accumulation, non prévue au début, mais fatale, des pensions.

XVI. — *Omissions dans les projets de loi.*

Nous devons appeler l'attention sur des points peu importants, mais qui ont cependant leur valeur, et qui n'ont pas été touchés par les projets que nous venons d'examiner.

L'article premier de tous ces projets parle des marins français. Nous ferons remarquer que parmi le personnel non-inscrit, il y a souvent des marins étrangers engagés pour compléter l'équipage, tels que chauffeurs, domestiques ou autres employés du bord.

La rédaction de l'article premier les exclut du bénéfice de la Caisse de prévoyance, puisque celle-ci limite ses bienfaits au profit des seuls marins français. Il y aurait cependant lieu de le dire d'une façon bien nette pour éviter toute difficulté d'interprétation.

Le même article premier prévoit comme faisant exclusivement et obligatoirement partie de la Caisse, le personnel embarqué figurant sur le rôle d'équipage d'un bâtiment de commerce. Cette rédaction exclut de la loi le personnel non-inscrit d'un bâtiment de plaisance ou d'un bateau des Ponts et Chaussées, affecté soit au service des phares ou service de balisage. Il y aurait encore lieu de le déclarer nettement ou bien comme le demande aussi la Commission de l'Association française du Droit maritime, de stipuler que la Caisse doit profiter aux équipages de tous les bâtiments français, autres que les navire de guerre.

Enfin, les projets sont muets sur la façon dont seront perçues les cotisations des participants. En ce qui concerne les inscrits, pas de difficultés, puisque l'Administration de la Marine lors du débarquement et du désarmement, en réglant les salaires des marins, pourra retenir les cotisations pour la Caisse de prévoyance comme elle le fait pour la Caisse des Invalides. En ce qui concerne les non-inscrits, l'Administration de la Marine reste étrangère au règlement de leurs

---

(1) Exposé des motifs du projet de loi Brisson-Le Bail, § V.

salaires, et il convient que la loi détermine la manière dont le recouvrement sera fait au profit de la Caisse.

§

Nous devons examiner maintenant un autre genre de projet.

A un autre point de vue, s'est placée la Commission des accidents maritimes, instituée par le Ministère du Commerce.

Elle a voulu faire une loi nouvelle, mettant en jeu l'application des lois du 9 et du 21 avril 1898, combinées.

Elle est restée convaincue de l'impossibilité d'appliquer, dès maintenant, les principes du risque professionnel à la totalité des marins, et à la généralité des accidents qui surviennent dans l'industrie maritime et elle a jugé préférable de limiter les efforts immédiats et de s'en tenir à la réalisation d'un progrès modeste, mais certain (1).

I. — En effet, le projet maintient l'application de la loi du 21 avril. Son article premier stipule que les patrons propriétaires des bateaux se livrant à la petite pêche, au pilotage ou au bornage, ainsi que les marins naviguant avec eux, à la part, ne pourront jamais invoquer que cette loi du 21 avril, quelle que soit la nature des accidents.

Dans son article 2, le projet stipule que cette loi du 21 avril sera applicable encore : 1° aux armateurs ou chefs d'entreprises et aux propriétaires de bâtiments de plaisance munis de rôles d'équipages, ainsi qu'aux capitaines ou matelots français qu'ils emploient.

2° A tous les autres salariés, inscrits maritimes ou non, français ou étrangers, embarqués sur bâtiments français.

Mais cet article dispose aussitôt que les conditions et tarifs de la loi du 9 avril 1898 seront applicables à la charge exclusive de l'armateur, qu'elle deviendra la règle, lorsque des accidents seront survenus au personnel, compris dans les deux paragraphes ci-dessus, par le fait ou à l'occasion du travail, sans qu'il y ait eu naufrage du navire ou de l'embarcation ou disparition sans nouvelles.

Ainsi donc, toutes les fois qu'il n'y a pas eu, pour ces deux catégories de personnel, naufrage du navire ou de l'embarcation ou disparition sans nouvelles, ce sont les indemnités de la loi du 9 avril 1898, qui sont dues aux victimes, et ce sont les armateurs seuls qui en auront la charge.

(1) Rapport de M. Louis Ricard, page 8.

- 375 -

Quel sera donc le critérium permettant d'établir qu'il y a eu accident donnant droit à l'application de la loi du 9 avril, ou à celle du 21 avril 1898 ?

En voulant éclaircir une situation, il nous semble qu'on l'a complètement embrouillée ; on laisse subsister la loi du 21 avril, on laisse subsister la loi du 9 avril, on créé une troisième loi qui applique tantôt l'une, tantôt l'autre de ces deux lois, dans des conditions fixés par des termes généraux. En effet, dans bien des cas, ces accidents arrivent ensemble, au cours d'une manœuvre rendue plus périlleuse, par exemple par suite de gros temps.

Supposons un navire naufragé, après avoir lutté contre la tempête ; ce navire est perdu, l'équipage sauvé, mais dans quel état ! Si les uns sont indemnes, d'autres sont blessés. Quelle loi appliquera-t-on à ces derniers ?

D'après le texte de l'article 2 du projet, on ne peut invoquer la loi du 9 avril, puisqu'il y a eu naufrage du navire. Les marins ne pourront donc que se retrancher derrière la loi du 21 avril, qui ne leur donnera pas les mêmes avantages ; ces marins vont donc se trouver dans un état d'infériorité vis-à-vis d'autres marins qui auraient subi les mêmes blessures, dans un cas identique, mais où le navire n'aurait point été naufragé. Et ce n'est pas le rapport préalable de M. Ricard, qui nous éclairera beaucoup ; que dit-il, en effet ? « Pas « plus qu'il n'assujettit au risque professionnel la totalité des « marins, l'avant-projet ne vise la généralité des accidents surve- « nus aux marins auxquels s'étend son application ; il exclut ex- « pressément du risque professionnel les accidents nautiques, c'est- « à-dire les accidents survenus par fortune de mer. » (1)

II. — Le projet de loi aura pour effet d'aggraver les charges de l'armement. Ne voyons-nous pas, en effet, que l'armateur restera soumis aux charges qui lui étaient imposées par la loi du 21 avril, et que le projet de loi l'astreint en plus aux charges de la loi du 9 avril 1898, pour une partie de ses risques.

Nous pensons que la Commission interministérielle a été d'avis de laisser subsister la loi du 21 avril, telle qu'elle est actuellement, et qu'ainsi, elle pouvait prévoir même une atténuation dans les effets de cette loi, puisqu'elle enlevait par son projet une partie des risques, qu'elle faisait supporter par la loi du 9 avril. Son projet ne pourrait se comprendre qu'ainsi.

S'il en était autrement, ce projet serait une lourde aggravation

(1) Rapport de M. Ricard, page 3.

pour l'armement, qui ne paraît pas en état de la supporter actuellement, et les termes du projet nous laissent quelques doutes à cet égard. Il faudrait donc ajouter au projet une disposition d'après laquelle la loi du 21 avril 1898, ne serait pas modifiée en ce qui touche la participation des armateurs.

A un autre point de vue, le projet laisse subsister les charges de l'art 262 du Code de commerce, puisqu'aux termes de ses articles 4 et 5, les indemnités et rentes ne sont dues qu'après que l'armateur aura satisfait aux prescriptions du-dit article 262.

Nous voyons donc qu'aucune des charges anciennes imposées aux armateurs ne sont supprimées, mais qu'en revanche on leur en a ajouté de nouvelles.

Si l'on en veut une confirmation plus complète, il suffit de lire l'article 6 du projet qui s'exprime ainsi : « A l'exception de l'arti-« cle 31 de la loi du 9 avril 1898, toutes les autres dispositions de « ladite loi et spécialement celles de son titre IV sont applicables « aux armateurs... régis par les articles 2 et suivants de la présente « loi. »

Quelles sont les dispositions du titre IV, spécialement visé ? Ce sont justement celles qui traitent des garanties; celles qui accordent un privilège (n° 6) de l'article 2101 du Code civil pour garantir le remboursement des frais médicaux, pharmaceutiques, et de l'incapacité temporaire (art. 23), celles qui ajoutent au principal de la contribution des patentes des industriels, une taxe additionnelle de quatre centimes supplémentaires (art. 25); celles qui autorisent le recours de la Caisse des retraites contre les chefs d'entreprise pour le compte desquels des sommes auraient été payées par elle (art. 26); celles qui obligent le chef d'entreprise qui cesse son industrie à verser à la Caisse des retraites le capital représentatif des pensions mises à sa charge, capital qui devient exigible de plein droit (art. 28).

De l'application de ce texte, la marine marchande va subir de nouveaux frais, résultant de l'assurance :

1° Par la taxe destinée au fonds de garantie, que cette taxe soit appliquée dans tout son entier ou qu'elle soit réduite, ce qui serait logique, puisque l'armateur n'est pas exclusivement assujetti à la loi du 9 avril et qu'il contribue encore à celle du 21 avril;

2° Par le recours de la Caisse des retraites autorisé par l'article 26 de la loi du 9 avril et ses conséquences prévues plus haut.

Mais, ici encore, le texte manque de précision, car cette disposition du titre IV de la loi du 9 avril est en opposition formelle avec l'article 216 du Code de commerce qui dégage l'armateur de toute responsabilité relative à son navire par l'abandon de ce dernier. Il faudrait donc remanier le projet sur ce point, mais en ayant soin de ne pas toucher à cet article 216 qui est la seule sauvegarde de l'armement en France.

III. — En ce qui concerne la marche à suivre pour la constatation d'un accident, on peut dire qu'elle est clairement indiquée ; elle se fait d'abord sur le navire, et est à la charge du capitaine qui doit établir un procès-verbal, l'inscrire sur le livre du bord et y annexer un certificat médical délivré soit sur le navire s'il s'y trouve un médecin, soit au retour du navire ou à sa première escale d'au moins 48 heures, par un médecin désigné par l'agent consulaire français.

Toutes ces pièces sont transmises au juge de paix du domicile que l'armateur *doit élire au port d'attache du navire*. De même l'armateur, lorsqu'il y a eu naufrage ou disparition sans nouvelles, est tenu d'en faire la déclaration au même juge de paix en faisant connaître tout le personnel embarqué et disparu.

Mais où le projet devient critiquable, c'est dans la procédure qu'il établit dans ses articles 4 et 5.

Dans le premier de ces articles, il donne compétence au juge de paix pour les contestations relatives à l'application des deux lois des 9 (art. 15) et 21 avril 1898 (2e alinéa de l'art. 5), dans les dispositions concernant l'incapacité temporaire. Nous avons tout lieu de croire que cette attribution de compétence donnera lieu à des difficultés, car il est de jurisprudence constante que toutes les contestations relatives aux loyers des gens de mer et notamment de celles de l'article 262 du Code de commerce sont de la compétence exclusive des Tribunaux de commerce. Il y aura donc là conflit de juridiction qu'il faudrait éviter par un texte précis.

Dans le second de ces articles, nous voyons que la juridiction civile se trouve obligatoirement saisie lorsqu'il y a mort ou infirmité permanente, quelles que soient les circonstances qui aient amené ces deux cas. Il s'ensuit donc que, contrairement aux dispositions de l'article 21 de la loi du 21 avril 1898, qui crée la compétence de la juridiction administrative (Décision du Ministre, avec pourvoi devant le Conseil d'Etat), et bien que cette loi du 21 avril subsiste dans le projet du ministère, on tient cette disposition de la loi comme inexistante ; et on charge la juridiction civile de trancher le différend. En cas d'accord, le Président fixera l'indemnité à servir soit d'après la loi du 9 avril, soit d'après la loi du 21 avril, et en cas de désaccord, c'est uniquement cette juridiction civile (Tribunal, Appel, Cour de Cassation) qui est chargée de dire quelle est celle des deux lois qui est applicable en mettant alors en cause dans l'instance la Caisse de prévoyance constituée par la loi du 21 avril.

A notre avis, il y a encore là une source de difficultés et par suite de conflits de juridiction qu'il faudrait éviter par un texte clair et net afin d'empêcher un marin malin ou mal conseillé de revendiquer, à la fois, devant les deux juridictions qui ont l'habitude de s'ignorer le payement d'indemnités ou rentes pour un même accident.

Et pendant ce temps, l'armateur est obligé de se faire défendre devant ces juridictions différentes et de s'exposer ainsi à un surcroît de frais.

Enfin, un point qui est oublié dans l'avant-projet du Ministère du Commerce est la détermination du salaire de base; question très importante en matière d'accident maritime et sur laquelle nous avons déjà appelé l'attention.

Tel est le projet que le Ministre du Commerce a soumis, au mois de décembre 1903 au Ministre de la Marine.

Ce dernier ne paraît pas, jusqu'à présent, devoir y donner suite, préférant, à juste titre, le projet Brisson-Le Bail, qui fait une plus juste appréciation des droits de chacun.

§

Nous ne voulons pas terminer ce travail, sans parler d'un contre-projet qui a été préparé par Me Delarue, avocat à la Cour d'appel de Paris, d'une rare compétence dans les questions de droit maritime. Ce contre-projet offre l'intérêt énorme de ne pas faire une loi nouvelle, mais de compléter seulement les textes du Code de Commerce.

Ce contre projet qui avait été présenté à la Commission de l'Association française du Droit maritime, chargée d'examiner les projets Brisson-Le Bail dont nous avons parlé ci-dessus, a été fort mal accueilli par cette Association, qui l'a rejeté en soulevant une question préjudicielle : celle de savoir à la charge de qui doivent être mis les risques professionnels. Doit-on mettre exclusivement à la charge de l'armateur, comme on a mis à la charge du patron, dans l'industrie terrestre, les risques professionnels de l'ouvrier ? Ou bien doit-on les mettre à la charge de l'armement tout entier comme le proposait M. Delarue ? La majorité de la Commission de cette Association s'étant montrée hostile à l'idée de mettre les risques exclusivement à la charge des armateurs. M. de Valroger, rapporteur, a été d'avis qu'il y avait lieu de repousser le principe de la responsabilité pour la collectivité des armateurs pour les mêmes raisons qui en ont fait repousser le principe pour chaque armateur personnellement. Il a paru à la Commission que l'armateur, vis-à-vis du marin, était dans une situation tout à fait différente de celle du patron vis-à-vis de l'ouvrier dans l'industrie de terre. Le patron, dit-il, ne répond de l'ouvrier que pendant quelques heures de la journée; il peut le surveiller à l'atelier pendant son travail. L'armateur, s'il avait entièrement à sa charge le risque professionnel, serait responsable du marin pendant tout le cours du voyage. Il aurait à le couvrir même contre les risques nautiques inhérents à toute navigation, contre les forces de la nature (1). M. de Valroger ajoute encore que l'armateur supporte les frais de traitement et de maladie, les loyers du marin malade, les frais de rapatriement, et il déclare que si l'on maintient ces charges pour l'armateur, il serait excessif d'y ajouter encore la charge entière d'une pension d'infirmité. Mais M. Delarue n'a pas proposé cela. Il a proposé de mettre le risque professionnel non pas à la charge de chaque armateur personnellement, mais à la charge collective de l'armement français tout entier, chaque armateur y contribuant proportionnellement à son tonnage. Ce serait donc en quelque sorte une espèce d'assurance mutuelle entre les armateurs pour leurs risques professionnels. Ce système n'est déjà pas si mauvais, car il permettrait aux armateurs de proportionner leur part contributive aux sinistres arrivés dans l'année, sans qu'un minimum de cotisation leur soit imposé tout d'abord.

Cette critique de principe est, trouvons-nous, un peu sévère, car elle a fait rejeter, de prime abord, un projet qui pourrait amener d'excellents résultats.

La manière de procéder de M. Delarue permettrait de rectifier le Code de commerce, de compléter les articles insuffisants, de modifier les dispositions trop sévères de l'article 262, par exemple, et de les adapter à la situation présente. Nous pensons que cette méthode pourrait amener à d'excellents résultats, et nous ne saurions trop approuver la précision apportée par M. Delarue dans l'établissement de l'article 264 qui organise les chiffres des pensions et les

(1) Rapport de M. de Valroger à la Commission de l'Association française du Droit maritime, page 6.

droits de chacun. Toutes les questions que nous avons indiquées comme n'étant pas traitées dans les projets précédents y sont visées. Il suffit de lire cet article, pour savoir quels sont les droits de la veuve, lorsqu'elle a un, ou plusieurs enfants, ou, lorsque la victime a laissé des ascendants, la part qui reviendra aux petits enfants en cas de prédécès des enfants de la victime, les droits des enfants naturels reconnus, la part qui sera accordée à la victime de nationalité étrangère, la perte de la pension pour la femme contre laquelle le divorce est prononcé, de même que pour la femme qui se remarie.

Toutes ces stipulations sont d'une grande importance à cause des nombreux litiges qu'elles peuvent éviter, et nous sommes heureux de constater que leur utilité n'avait pas échappé à la perspicacité de M⁰ Delarue. C'est qu'il avait su lire la jurisprudence, et qu'il avait fait état de contestations qu'elle avait eu à trancher.

Ne demandant rien aux marins, M. Delarue n'a pas à s'occuper de la distinction qui a été faite entre les inscrits et les non-inscrits; il s'occupe seulement des versements à faire par les armateurs, et il les simplifie totalement, puisqu'il les fixe à un franc par tonneau et par an, qu'il dit que la perception en sera faite en la forme ordinaire, et qu'il charge de la répartition de ces sommes la Caisse des Consignations qui doit verser aux ayants-droit la pension qui leur est due sur le vu des bordereaux d'attribution délivrés par les administrateurs de la marine du port où les ayants-droit sont immatriculés (pour les inscrits), du port d'attache du navire (pour les autres). Nous regrettons d'avoir eu connaissance de ce contre-projet trop tard pour pouvoir l'étudier avec plus de détails, et surtout le comparer à ceux que nous avons déjà examinés. Il mérite d'être pris en grande considération, et pourrait être d'un utile secours pour la rédaction définitive de la loi future.

CONCLUSION

Nous pouvons donc conclure qu'aucun de ces travaux n'est arrivé à maturité, et que l'on a encore besoin de les examiner avec soin pour arriver à un résultat.

Nous ne cacherons pas cependant, que le projet Brisson-Le Bail paraît réunir l'approbation générale non seulement des armateurs qui, nous l'avons vu, semblent devoir s'y rattacher, mais encore des marins, des *participants*, pour employer l'expression nouvelle, qui manifestent chaque jour leur approbation en sa faveur (1).

Nous penserions donc qu'il y aurait lieu de s'arrêter à ce projet, mais en le remaniant, le rectifiant et le complètant sur divers points ainsi que nous l'avons vu au cours de ce travail.

Nous avons appris que M. Le Bail avait déposé sur le bureau de la Chambre, le 5 juillet 1905, un rapport sur son projet, nous aurions été heureux de pouvoir le faire connaître, mais M. Le Bail n'a pu nous le communiquer, à cause des rectifications qu'il doit y apporter encore avant de le laisser publier au mois d'octobre.

TROISIÈME PARTIE

Tableaux comparatifs des principaux projets, soit de modifications à apporter à la loi du 9 avril 1898, soit d'assurance des gens de mer.

---

(1) Les inscrits maritimes de la Gironde et du Sud-Ouest, réunis le 7 juillet 1905, à l'Athénée, sous la présidence du Secrétaire de leur Union syndicale, ont voté à l'unanimité un ordre du jour demandant « l'abolition de la Caisse de prévoyance, sinon la discussion immédiate du projet Brisson-Le Bail *qui leur donne satisfaction* ».

De même, le Congrès du Commerce réuni au Palais du Trocadéro au mois de juin dernier, a émis le vœu qu'il soit procédé le plus vite possible à une refonte complète des lois sur la Marine marchande.

Comparaison entre les divers projets de modification de la loi du 21 avril

TEXTE

DE LA LOI DU 21 AVRIL 1898

le rapport de M. Du-RASSIER au Conseil supérieur de la marine marchande.

le rapport de M. BER-NARD à la Commission du Conseil supérieur de la marine marchande.

ARTICLE PREMIER

Il est créé au profit des marins français une Caisse nationale de prévoyance contre les risques et accidents de leur profession, annexée à la Caisse des Invalides, mais ayant son existence indépendante.

Font obligatoirement et exclusivement partie de cet établissement tous les inscrits maritimes à partir de l'âge de dix ans.

ARTICLE PREMIER (1).

ainsi que le personnel non-inscrit embarqué, figurant sur le rôle d'équipage d'un bâtiment de commerce.

idem.

ART. 2

La caisse est revêtue de la personnalité civile.

Elle est alimentée:

1o Par la cotisation des participants;

2o Par les apports des propriétaires ou armateurs de navires ou bateaux;

3o Par les dons ou legs des particuliers et par les subsides éventuels des départements, des communes, des établissements publics et des associations;

4o Lorsqu'il y a lieu, par des avances de l'Etat non productives d'intérêts, fixées conformément aux dispositions de l'article 14.

Les dons, legs et subsides peuvent être acceptés alors même qu'ils ont pour affectation spéciale la concession d'indemnités, secours ou pensions supplémentaires dans des cas déterminés ou au profit de régions expressément désignées.

ARTICLE 2

3o Par (*les*) des dons ou legs (*des*) de particuliers et par (*les*) des subsides éventuels des départements, des communes, des établissements publics et des associations;

4o Par des subventions accordées sur les fonds provenant de la retenue de 4 % sur les primes de la marine marchande.

dans la proportion des 3/4 de ce montant.

---

(1) Les mots ou passages imprimés en italiques représentent les parties du texte de la loi dont la suppression est proposée. Ceux en caractères gras représentent les modifications ou additions proposées.

PROPOSITION DE LOI

PRÉSENTÉE PAR MM. BRISSON, LE BAIL

ET DIVERS AUTRES

ARTICLE PREMIER

Il est créé, au profit des marins français, une Caisse nationale de Prévoyance contre les risques et accidents de leur profession, annexée à la Caisse des Invalides de la Marine, mais ayant son existence indépendante.

Font obligatoirement et exclusivement partie de cet établissement tous les inscrits maritimes, à partir de l'âge de dix ans, ainsi que le personnel non inscrit embarqué sur le rôle d'équipage d'un bâtiment de commerce.

ART. 2.

La Caisse est revêtue de la personnalité civile.

Elle est alimentée :

1° Par la taxe que versent les propriétaires ou armateurs de navires ou de bateaux ;

2° Par la cotisation des participants ;

3° Par des dons ou legs des particuliers, ou par des subsides éventuels des départements, des communes, des établissements publics et des associations ;

4° Par une subvention accordée sur les fonds provenant de la retenue de 4 % sur les primes à la marine marchande, et fixée annuellement par le ministre de la marine dans la limite des deux tiers du montant de ce fonds ;

5° Par une retenue qui ne pourra pas dépasser, dans aucun cas, 50 centimes pour 100 francs sur le marché à passer pour les dépenses de matériel de la marine ; -

I. — Avant-projet de loi adopté par la Commission des accidents maritimes près le Ministère du Commerce.

RAPPORT DE M. LOUIS RICARD

(12 décembre 1903)

ARTICLE PREMIER.

Les patrons, propriétaires de bateaux, se livrant au pilotage ou au bornage, ainsi que les marins naviguant avec eux à la part, demeurent soumis au régime déterminé par la loi du 21 avril 1898, quant aux divers risques de leur profession.

ART. 2.

Le même régime reste applicable pour les mêmes risques aux armateurs ou chefs d'entreprise, et aux propriétaires de bâtiments de plaisance munis de rôle d'équipage, ainsi qu'aux capitaines ou matelots français qu'ils emploient.

Il est de même applicable désormais, y compris les dispositions des articles 4 et 21 de la loi du 7 avril 1902, pour tous les autres salariés, inscrits maritimes ou non, français ou étrangers, embarqués sur bâtiments français. Un décret rendu sur la proposition des Ministres du Commerce et de la Marine, déterminera, pour les salariés non-inscrits, les conditions de paiement des cotisations qui seront à la charge desdits salariés et de ceux qui les emploient dans la même proportion, avec les salaires que celle résultant pour les salariés inscrits des dispositions de la loi du 21 avril 1898.

Toutefois, lorsque des accidents sont survenus par le fait ou à l'occasion du travail, au personnel visé par les deux alinéas précédents, sans qu'il y ait eu naufrage du navire ou de l'embarcation, ou disparition sans nou-

5º (*Lorsqu'il y a lieu*) en cas d'insuffisance de ces ressources, par des avances de l'Etat non productives d'intérêts (*fixées conformément aux dispositions de l'article 14*), remboursables au moyen des ressources ultérieures annuellement versées.

ART. 3

Les cotisations à verser par les inscrits maritimes sont fixées à la moitié des taxes perçues sur leurs gains et salaires en faveur de la Caisse des Invalides de la Marine, sans toutefois que ces cotisations puissent excéder deux francs (2 fr.) par mois pour les inscrits appartenant aux deux dernières catégories du tarif faisant suite à la présente loi.

Les cotisations des non-inscrits maritimes sont fixées à 1,5 % de leurs gains et salaires ; ces cotisations sont réduites de moitié pour le personnel inscrit et non inscrit embarqué sur un bâtiment pratiquant exclusivement la navigation dans l'intérieur des ports, fleuves, rivières, bassins, lacs et étangs salés.

ART. 3.

Les cotisations à verser par le personnel naviguant, inscrits et non-inscrits, sont fixées à un franc cinquante centimes par cent francs des salaires portés au rôle, sous réserves des réductions ci-après :

1º Réduction de cinquante centimes pour les matelots, novice et mousse, naviguant au long cours, au cabotage à la grande pêche et à la pêche au large, et pour les non-inscrits autres que les commissaires, médecins, maîtres d'hôtel et chefs cuisiniers.

2º Réduction de soixante-quinze centimes pour les marins employés à la petite pêche et au bornage.

6° Par les intérêts des capitaux de la Caisse ;

7° En cas d'insuffisance de ces ressources, par des avances de l'Etat, non productives d'intérêts, remboursables au moyen des ressources ultérieures annuellement versées.

Les dons, legs et subsides peuvent être acceptés, alors même qu'ils ont pour affectation spéciale la concession d'indemnités, secours ou pensions supplémentaires, dans des cas déterminés, ou au profit de régions expressément désignées.

Art. 3.

La cotisation individuelle à verser par les inscrits et les non inscrits est fixée comme suit:

1° Pour les inscrits ou non inscrits, naviguant au long cours, au cabotage international ou aux grandes pêches;

Personnel officier ou assimilé, 1 fr. p. 100 fr. des salaires portés sur les rôles d'équipages;

Personnel non officier, 75 cent. p. 100 fr. des salaires portés sur les rôles d'équipages;

2° Pour les inscrits ou non inscrits pratiquant le cabotage français, la pêche au large, le pilotage, le bornage ou la petite pêche;

Capitaine, maître, officier ou assimilé, 75 centimes par mois;

Patron et pilote, ou assimilé, 40 cent. par mois;

Matelot et assimilé, 30 centimes par mois;

Novice ou assimilé, 20 centimes par mois;

Mousse ou assimilé, 10 centimes par mois;

Les cotisations prévues au paragraphe 2 du présent article sont réduites de moitié pour les inscrits et les non inscrits embarqués sur un bâtiment pratiquant exclusivement la navigation dans l'intérieur des ports, fleuves, rivières, bassins, lacs et étangs salés.

velles, ils donnent droit, au profit des victimes ou de leurs ayants droit, à des indemnités à la charge exclusive de l'armateur, chef d'entreprise ou propriétaire du bâtiment, suivant les conditions et tarifs de la loi du 9 avril 1898, sous réserve, des dispositions spéciales contenues dans les articles ci-après.

Art. 3.

Tout accident survenu au personnel visé par l'article 2, qui a entraîné la mort ou une incapacité de travail de plus de quatre jours, doit faire immédiatement l'objet d'un procès-verbal établi par le capitaine, sous sa signature et celles de deux témoins de l'accident, dans les formes déterminées par décret. Ce procès-verbal doit être transcrit sur le livre de bord avec le certificat médical y annexé.

S'il y a un médecin à bord, le certificat est immédiatement délivré par lui; sinon il est établi dès le retour du navire ou à sa première escale d'au moins 48 heures, soit dans un port français, soit dans un port étranger où réside un agent consulaire français, et dans ce dernier cas, par le médecin que désigne l'agent consulaire.

Dans les 48 heures de l'arrivée au port susvisé, le capitaine est tenu, sous les peines prévues à l'article 14 de la loi du 9 avril 1898, de remettre le procès-verbal, avec le certificat médical y annexé, soit à l'autorité maritime, soit à l'agent consulaire, qui recueille les éléments d'enquête déterminés par le décret ci-dessus prévu, et, dans les trois jours de la réception du procès-verbal, les transmet à la justice de paix du domicile que l'armateur doit élire pour l'exécution de la présente loi au port d'attache du navire.

S'il y a eu naufrage ou disparition sans nouvelles, l'armateur, dès qu'il en est informé, est tenu sous les mêmes peines, d'en faire déclaration à la justice de paix susdésignée et de faire connaître en même temps tout le personnel embarqué et disparu.

Les marins engagés à la part pour le cabotage, le pilotage en mer, ou à la pêche au large payent par mois :

Capitaine ou maîtres pilotes patrons.	1 f. 50
Officiers et pilotes...............	» 75
Matelots......................	» 60
Novices.......................	» 375
Mousses......................	» 15

Les marins engagés à la part pour la petite pêche, mais non au large ou le pilotage en rivière payent par mois : (1)

Patrons.......................	» f. 75
Matelots......................	» 375
Novices,......................	» 25
Mousses......................	» 125

ART. 4

Les propriétaires ou armateurs de bateaux armés pour le long cours, le cabotage, la grande ou la petite pêche, le pilotage et le bornage, ainsi que les propriétaires de bâtiments de plaisance munis de rôle d'équipage, sont assujettis au versement d'une cotisation égale au montant de celle acquittée par leurs équipages.

Par exception, les patrons propriétaires de bateaux se livrant à la petite pêche, au pilotage et au bornage, qui montent eux-mêmes lesdits bateaux, ne sont assujettis qu'au versement des cotisations annuelles fixées comme il suit :

1° Pour les bateaux exerçant la navigation exclusivement dans la partie maritime des fleuves, rivières, étangs ou canaux aboutissant à la mer et dans l'intérieur des ports et bassins, trois francs (3 fr.) par homme :

2° Pour les bâtiments et embarcations pratiquant la petite pêche, le bornage ou le pilotage en mer, quatre francs (4 fr.) par homme.

ART. 4

(Leurs équipages), le personnel embarqué porté sur le rôle d'équipage.

Par exception, les patrons propriétaires de bateaux d'un tonnage brut égal ou inférieur à ..... tonneaux, se livrant à la petite pêche, au pilotage ou au bornage qui montent eux-mêmes lesdits bateaux sont exonérés de la cotisation afférente à leur équipage et ne sont assujettis qu'au versement (des cotisations annuelles fixés comme il suit ;

(D'un tonnage brut égal ou inférieur à tonneaux) :

(1) Ces chiffres appartiennent au rapport Bernard seulement.

Dans tous les cas, la déclaration de l'accident appuyée du certificat médical, peut être directement remise ou adressée sous pli recommandé par la victime ou ses ayantsdroit à la justice de paix susdésignée, jusqu'à l'expiration d'une année à partir de l'époque prévue ci-dessus pour le dépôt du procès-verbal.

Art. 4

Si l'accident n'a occasionné qu'une incapacité temporaire de travail, le juge de paix statue sur les contestations relatives à l'application, soit du second alinéa de l'article 5 de la loi du 21 avril 1898, soit de l'article 15 de la loi du 9 avril de la même année. Les indemnités prévues par ce dernier article ne sont toutefois dues qu'à défaut des indemnités spécifiées par l'article 262 du Code de commerce, qui demeure en vigueur, ou bien lorsque l'allocation desdites indemnités a pris fin.

Art. 5

Si l'accident a occasionné la mort ou une incapacité permanente, le juge de paix complète et clôt, dans le plus bref délai, l'enquête qui lui a été transmise ; il l'adresse immédiatement au Président du tribunal civil qui, dans les cinq jours de cette transmission convoque la victime ou ses ayants droit, l'armateur chef d'entreprise ou propriétaire, qui peut se faire représenter, et la personne désignée dans l'enquête, par l'autorité maritime pour représenter la Caisse de prévoyance.

S'il y a accord des parties, le président donne acte de cet accord et fixe définitivement par son ordonnance l'indemnité à servir suivant la cause de l'accident, soit par l'armateur d'après les tarifs de la loi du 9 avril 1898, soit par la Caisse de prévoyance, d'après les tarifs de la loi du 21 avril 1898, s'il y a eu naufrage ou disparition sans nouvelles.

Si l'accord n'a pas lieu, l'affaire est suivie

Art. 4

Les propriétaires ou armateurs de navires ou bateaux armés pour le long cours, le cabotage, la grande pêche, la pêche au large et la petite pêche, le pilotage et le bornage, ainsi que les propriétaires de bâtiments de plaisance munis de rôles d'équipage, sont assujettis au versement d'une taxe égale à 2 francs pour 100 francs des salaires portés sur le rôle d'équipage pour les inscrits ainsi que pour les non-inscrits indiqués à l'article premier.

Par exception, les patrons propriétaires de bateaux se livrant à la pêche au large, à la petite pêche, au pilotage, ou au bornage, qui montent eux-mêmes lesdits bateaux, sont exonérés de la taxe prévue au précédent paragraphe et ne sont assujettis qu'au versement de leur cotisation individuelle prévue à l'article 3.

Les veuves des patrons de cette catégorie jouissent de la même exonération.

1° Pour les bateaux
Par homme.......
2° Pour les bâti-
ments:...........
Par homme......)
de leur cotisation individuelle comme inscrits exigée par l'article 3 précédente

ART. 5

Les inscrits maritimes qui sont atteints de blessures, ou de maladies ayant leur cause directe dans un accident ou un risque de leur profession sur un navire français et les mettant dans l'impossibilité absolue et définitive de continuer la navigation, ont droit à une pension viagère dite « demi-solde d'infirmités », fixée conformément au tarif annexé à la présente loi.

Si l'impossibilité de continuer la navigation n'est pas définitive, ils reçoivent une indemnité temporaire ou renouvelable calculée d'après le taux annuel prévu audit tarif.

ART. 5

Les (*inscrits maritimes*) **participants** qui sont atteints de blessures..... (*et les mettant dans l'impossibilité absolue et définitive de continuer la navigation*) ont droit à une pension viagère dite « demi-solde d'infirmité » fixée, conformément au tarif annexé à la présente loi, dans les conditions ci-après, savoir :

(*Si l'impossibilité de continuer la navigation n'est pas définitive, ils reçoivent une indemnité temporaire ou renouvelable calculée d'après le taux annuel prévu audit tarif.*)

Si l'incapacité de travail qui en résulte est absolue et permanente, ils reçoivent un demi-solde d'infirmité du premier degré.

Si l'incapacité de

(*Dans les conditions ci-après, savoir :*

Ils ne pourront, en conséquence, exercer contre les patrons, capitaines et armateurs, aucuns recours pour les cas ci-dessus prévus en dehors de ceux résultant de l'application des articles 216 et 262 du Code de commerce.

La pension viagère ou les secours ci-dessus prévus seront établis dans les conditions ci-après

dans les conditions déterminées par les articles 16 et suivants de la loi du 9 avril 1898, et la Caisse de prévoyance doit être mise en cause dans l'instance.

Lorsque l'article 262 du Code de commerce est applicable, la rente n'est due qu'à partir du jour où cessent les allocations prescrites par ledit article.

Art. 6

A l'exception de l'article 31 de la loi du 9 avril 1898, toutes les autres dispositions de ladite loi et spécialement celles de son titre IV, sont applicables aux armateurs ou chefs d'entreprise et aux propriétaires de bâtiments régis par les articles 2 et suivants de la présente loi, ainsi qu'aux marins et salariés qu'ils emploient.

Art. 5

Les participants qui sont atteints de blessures ou de maladies, ayant leur cause directe dans un accident ou un risque de leur profession survenu pendant la durée de leur dernier embarquement sur un navire français, ont droit, soit à une pension viagère d'infirmité, soit à une indemnité journalière, fixée, conformément au tarif annexé à la présente loi, dans les conditions ci-après, savoir :

Si l'incapacité du travail qui en résulte est absolue et permanente, ils reçoivent une pension d'infirmité du premier degré ;

Si l'incapacité de travail, tout en étant permanente, n'est que partielle, ils reçoivent une pension d'infirmité du deuxième degré ;

Si l'incapacité de travail n'est que temporaire, les intéressés reçoivent, pendant toute sa durée, une indemnité journalière calculée d'après le taux prévu au susdit tarif pour la pension d'infirmité du premier degré.

Aucune pension ni indemnité n'est due au participant qui a intentionnellement provoqué l'accident ou la maladie, la preuve devant être faite par l'armateur ou le propriétaire.

Art. 7

Toute convention contraire à la présente loi est nulle de plein droit.

Art. 8

La présente loi n'entrera en vigueur que six mois après la promulgation des décrets prévus aux articles 2 et 3.

Elle pourra être appliquée à l'Algérie et aux colonies dans les conditions déterminées par règlement d'administration publique.

travail tout en étant permanente, n'est que partielle, ils reçoivent une demi-solde d'infirmité du deuxième degré.

Si l'incapacité de travail n'est que temporaire, les intéressés reçoivent, pendant toute sa durée, une indemnité journalière calculée d'après le taux prévu au susdit tarif pour la demi-solde d'infirmité du premier degré.

ART. 6

Ont également droit à une pension fixée conformément au tarif susvisé les veuves des inscrits maritimes qui sont tués ou périssent par suite des causes et dans les conditions prévues à l'article précédent, ou qui meurent des conséquences des blessures ou des maladies énoncées audit article, pourvu que le mariage soit antérieur à l'origine desdites blessures ou maladies.

Si la femme titulaire de la pension instituée par le présent article se remarie et redevient veuve, elle ne peut prétendre du chef de son second mari, à une deuxième pension de la même nature que la première, à moins qu'elle ne renonce à celle dont elle jouissait déjà.

Ont droit à la même pension, les veuves de marins morts en possession d'une des pensions déterminées par l'article 5, si le mariage est antérieur à l'accident ou à la maladie qui a déterminé l'octroi de cette pension.

La pension n'est jamais acquise à la femme divorcée ou contre laquelle a été prononcée la séparation de corps.

ART. 6

Ont également droit à une pension fixée conformément au tarif susvisé les veuves des (*inscrits maritimes*) **participants qui sont tués.....**

Les veuves de (*marins*) **participants.**

II. — Contre-projet

présenté par Me Delarue, avocat à la Cour d'appel de Paris, membre de l'Association française du Droit maritime à la Commission spéciale de cette Association chargée le 5 décembre 1904, de présenter un rapport sur la proposition de loi déposée par MM. Brisson, Le Bail et autres

Article premier

L'article 259, abrogé par la loi du 12 août 1885 est remplacé par le texte de l'article 265.

Les articles 262, 263, 264, 265 devenus les articles 259, 266, 267, 268, 269, sont remplacés par les dispositions suivantes :

Art. 262

Si une personne de l'équipage tombe malade ou est blessée au service du navire, elle sera soignée et pansée aux frais de l'armement et payée de ses loyers jusqu'à son rétablissement.

Elle sera soignée, pansée et payée de la même manière si elle est laissée à terre et de plus rapatriée aux frais de l'armement. Les frais d'inhumation seront à la charge de l'armement. Cette disposition ne s'appliquera pas au matelot sorti du navire sans autorisation et blessé ou pris, soit en accomplissant cet acte d'insubordination, soit à terre ; les frais de traitement seront à sa charge, et s'il ne peut regagner le bord et continuer son travail il ne sera payé qu'à proportion du temps qu'il aura servi (ancien article 264).

Dans tous les autres cas, après le rapatriement, le navire sera libéré de tous loyer et frais, si la maladie est reconnue incurable ou chronique.

Art. 263

Si une personne de l'équipage se trouvant à bord d'un navire disparu sans nouvelles,

Art. 6

Ont également droit à une pension fixée conformément au tarif susvisé : les veuves des participants qui sont tués ou périssent par suite des causes et dans les conditions prévues à l'article précédent ou qui meurent des conséquences des blessures ou des maladies énoncées audit article, pourvu que le mariage soit antérieur à l'origine desdites blessures ou maladies.

Si la femme titulaire de la pension instituée par le présent article se remarie et redevient veuve, elle ne peut prétendre, du chef de son second mari, à une deuxième pension de même nature que la première, à moins qu'elle ne renonce à celle dont elle jouissait déjà.

Ont droit à la même pension les veuves des participants morts en possession d'une des pensions déterminées par l'article 5, si le mariage est antérieur à l'accident ou à la maladie qui a déterminé l'octroi de cette pension.

La pension n'est jamais acquise à la femme divorcée ou contre laquelle a été prononcée la séparation de corps.

Art. 7

Après le décès du père et de la mère ou lorsque la mère veuve se trouve, conformément au dernier paragraphe de l'article 6, déchue de ses droits à la pension, les orphelins des inscrits décédés dans les conditions susdéfinies ou en possession d'une demi-solde d'infirmité, reçoivent, quel que soit leur nombre et jusqu'à ce que le plus jeune ait accompli l'âge de seize ans, un secours annuel unique de taux égal à celui de la pension que leur mère avait ou aurait obtenue.

Est également, et dans les mêmes conditions, dévolue, comme secours annuel, aux orphelins du père, la pension de veuve demeurée libre par suite de l'option exercée conformément au paragraphe 2 de l'article précédent. Toutefois, les arrérages du secours annuels sont, dans ce cas, payables à la mère tutrice des orphelins.

Les enfants naturels reconnus avant l'origine de la blessure ou de la maladie d'où procède le droit, participent au secours dans la même mesure que les enfants légitimes.

A mesure que les aînés atteignent l'âge de seize ans, leur part est reversée sur les plus jeunes.

En cas de coexistence d'orphelins de différents lits venant en concurrence entre eux ou avec la veuve, la division du secours a lieu comme en matière de demi-solde sous la réserve de la disposition énoncée au deuxième paragraphe du présent article.

Art. 8

Il est alloué aux inscrits et aux veuves titulaires des pensions et indemnités accordées en vertu des articles 5 et 6 ci-dessus, pour chacun de leurs enfants âgés de moins de dix ans, un supplément annuel déterminé par le tarif annexé à la présente loi, à moins que, se trouvant déjà en possession d'une demi-solde ou d'une pension dérivée de la demi-solde, ils ne reçoivent déjà ce supplément.

Art. 7

(*inscrits*) **participants.**

l'âge de 16 ans   **l'âge de 14 ans.**

Art. 8

Il est alloué aux (*inscrits*) **participants**
. . . .
enfants âgés de moins de (*dix*) **seize** ans.
. . . .

Quatorze ans

ART. 7

Après le décès du père et de la mère, ou lorsque la mère veuve se trouve, conformément au dernier paragraphe de l'article 6, déchue de ses droits à la pension, les orphelins des participants décédés dans les conditions susdéfinies ou en possession d'une pension d'infirmité reçoivent, quel que soit leur nombre et jusqu'à ce que le plus jeune ait atteint l'âge de 16 ans, un secours annuel unique de taux égal à celui de la pension que leur mère avait ou aurait obtenue.

Est également, et dans les mêmes conditions dévolue, comme secours annuel, aux orphelins du père, la pension de veuve demeurée libre par suite de l'option exercée conformément au paragraphe 2 de l'article précédent. Toutefois, les arrérages du secours annuel sont, dans ce cas, payables à la mère tutrice des orphelins.

Les enfants naturels reconnus avant l'origine de la blessure ou de la maladie d'où procède le droit, participent au secours dans la même mesure que les enfants légitimes.

A mesure que les aînés atteignent l'âge de 16 ans, leur part est reversée sur les plus jeunes.

En cas de coexistence d'orphelins de différents lits venant en concurrence entre eux ou avec la veuve, la division du secours a lieu comme en matière de demi-solde, sous la réserve de la disposition énoncée au 2e paragraphe du présent article.

ART. 8

Il est alloué aux participants et aux veuves titulaires de pensions et indemnités accordées en vertu des articles 5 et 6 ci-dessus, pour chacun de leurs enfants âgés de moins de seize ans un supplément annuel déterminé par le tarif annexé à la présente loi.

meurt ou reste infirme, soit à la suite de blessures *accidentelles même imputables à son imprudence*, soit à la suite de maladies aiguës incurables ou chroniques contractées pendant le voyage et ayant pour cause bien établie les dangers ou les circonstances de la navigation, cette personne ou celles qui sont privées par sa mort de l'assistance ou des aliments auxquels elles avaient droit, selon les dispositions de la loi civile, recevront les pensions civiles ci-après déterminées.

ART. 264

a) En cas de survie du blessé ou du malade, demeuré infirme, il sera payé jusqu'au rétablissement, s'il y a lieu, une pension égale aux deux tiers des appointements ou salaires alloués dans le dernier voyage, sans que cette pension puisse être supérieure à 2,400 francs et inférieure à 600 francs. Si l'infirmité n'entraîne qu'une incapacité partielle de travail, la pension sera réduite au tiers des appointements ou salaires avec un maximum de 1,600 fr. et un minimum de 500 fr. S'il s'agit d'engagement à la part, au frêt ou au voyage, on appliquera, pour déterminer le chiffre de la pension, les tarifs en usage pour les engagements au mois sur les navires de même nature et tonnage.

b) En cas de décès, la pension de 2,400 fr. à 600 fr. sera payée en totalité si le défunt laisse :

1o Une femme, des enfants et des ascendants; ces derniers, quel que soit leur nombre, n'auront droit qu'au tiers de la pension, partageable par tête, s'ils sont plusieurs.

2o Une femme et plusieurs enfants.

3o Deux orphelins et plus.

4o Une femme ou un enfant et plusieurs ascendants, l'enfant ayant toujours droit à la moitié et la femme au tiers de la pension :

La même pension sera payée jusqu'à concurrence des deux tiers, si le défunt laisse, soit une femme et un enfant, soit une femme.

Art. 9

Lorsque les inscrits maritimes visés à l'article 5 ne laissent après eux ni veuves, ni orphelins, un secours annuel et viager, dont le taux est déterminé par le tarif annexé à la présente loi est accordée à chacun de leurs ascendants au premier degré.

En cas de prédécès de l'un des ascendants ou de décès consécutifs des deux ascendants au premier degré, le secours qui aurait été ou a été attribué à chacun des ascendants décédés est reporté sur les ascendants de degrés supérieurs de la même branche s'il en existe; il est partagé également entre ces derniers, avec réversion sur le ou les survivants.

Les secours déterminés par le présent article ne sont payés qu'aux ascendants âgés d'au moins soixante ans et qui auraient droit à une pension alimentaire. En outre, le même ascendant ne peut être titulaire de plus d'un des secours accordés en vertu du présent article.

Art. 10

Les pensions et allocations accordées en vertu des articles précédents sont réduites de moitié si les ayants droit jouissent déjà soit d'une pension militaire ou civile ou d'un secours d'orphelins payés sur les fonds de l'Etat, soit d'une demi-solde ou d'une pension de secours d'orphelins dérivée de la demi-solde.

Art. 9

Lorsque les *(inscrits maritimes visés à l'article 5)* participants.. ....

Art. 9 *bis*

Indépendamment des pensions et allocations ci-dessus indiquées, la Caisse de prévoyance pourvoira, aux lieu et place de la Caisse des Invalides de la Marine, au paiement des secours prévus au premier paragraphe de l'article 12 de la loi du 30 janvier 1893 sur la Marine marchande.

Art. 10

Supprimé totalement, remplacé par l'article suivant:

La demi-solde d'infirmité du 1er degré ne peut se cumuler avec aucune autre pension. Celle du 2e degré peut se cumuler, pour la moitié de son montant soit avec la demi-solde d'ancienneté, soit avec les pensions d'une autre origine.

Le titulaire d'une demi-solde d'infirmité du second degré, qui ayant continué à naviguer professionnel-

Rétabli complètement

Supprimé

Maintenu

Art. 9

Lorsque les participants ne laissent après eux ni veuves ni orphelins, un secours annuel et viager dont le taux est déterminé par le tarif annexé à la présente loi est accordé à chacun de leurs ascendants au premier degré.

En cas de prédécès de l'un des ascendants ou de décès consécutifs des deux ascendants au premier degré, le secours qui aurait ou a été attribué à chacun des ascendants décédés est reporté sur les ascendants de degrés supérieurs de la même branche s'il en existe; il est partagé également entre ces derniers, avec réversion sur le ou les survivants.

Les secours déterminés par le présent article ne sont payés qu'aux ascendants âgés d'au moins soixante ans et qui auraient droit à une pension alimentaire. En outre, le même ascendant ne peut être titulaire de plus d'un des secours accordés en vertu du présent article.

Art. 10

Les pensions et allocations accordées en vertu des articles précédents sont indépendantes des pensions militaires ou civiles, des pensions dites demi-soldes ou dérivées de la demi-solde, ainsi que des secours d'orphelins accordés sur les fonds de l'Etat ou sur ceux de la Caisse des Invalides de la Marine.

Toutefois, les pensions d'infirmités pourront être réduites ou supprimées par le Ministre de la marine, sur avis du Conseil d'administration spécial de la Caisse nationale de prévoyance, si des abus ou des fraudes étaient reconnues.

Le titulaire d'une pension d'infirmité du second degré qui, ayant continué à naviguer professionnellement, n'aura pu parvenir à réunir, à l'âge de 60 ans accomplis, le temps de navigation exigé par la loi du 11 avril 1881 pour avoir droit à une pension dite demi-solde sur la Caisse des Invalides de la Marine, aura droit à la transformation de sa pension

et un ascendant, soit un enfant et un ascendant;

Jusqu'à concurrence de moitié, si le défunt laisse, soit un seul orphelin, soit plusieurs ascendants; jusqu'à concurrence du tiers, si le défunt laisse, soit une femme, soit un ascendant;

La pension accordée aux enfants sera attribuée aux petits-enfants appelés à la succession du défunt, par suite du pré-décès des enfants de la victime.

Les enfants naturels reconnus auront les mêmes droits que les légitimes.

c) Si la victime est de nationalité étrangère et ne réside pas sur le territoire français, elle recevra à forfait, en cas de survie, pour toute indemnité, un capital égal à trois années ou une année de pension, selon que l'infirmité sera permanente ou temporaire.

En cas de décès, le capital représentant seulement une année de pension, pourra être attribué, à titre de secours, aux veuves, enfants, petits-enfants et ascendants.

Si la victime a, ou avait, lors du décès, son établissement ou celui de sa famille sur le territoire français, le traitement sera le même que pour les nationaux.

d) La pension, en cas de survie de la personne infirme prendra cours à partir du jour de la cessation des appointements ou salaires.

La pension des veuves, orphelins et ascendants prendra cours, soit à partir du jour de la cessation des appointements ou salaires acquis au défunt, soit à partir du décès.

La pension ne pourra jamais être réclamée par la femme contre laquelle le divorce aura été prononcé. Elle cessera si elle se remarie.

Dans le cas où la pension cessera à l'égard d'un bénéficiaire, elle continuera à l'égard des autres dans la mesure où elle leur est accordée, selon les dispositions ci-dessus. En conséquence, si après qu'un enfant a atteint l'âge de 16 ans, il reste deux enfants ou plus n'ayant pas cet âge, la pension sera toujours payée en totalité à ces enfants. La réversibilité de la part

lement, n'aura pu parvenir à réunir, à l'âge de 60 ans accomplis, le temps de navigation exigé par la loi du 11 avril 1881 pour avoir droit à une demi-solde d'ancienneté aura droit à la transformation de sa pension en une demi - solde d'infirmité du 1er degré.

Maintenu

Art. 11

Les dispositions ci-dessus ne font pas obstacle à ce que l'inscrit, ses ayants cause ou la Caisse nationale de prévoyance subrogée à leurs droits demandent directement, suivant les principes et règles du droit commun, des indemnités aux personnes responsables des faits intentionnels ou fautes lourdes ayant déterminé la réalisation des accidents ou risques dont lesdits inscrits auront été victimes.

Les indemnités qui, dans ce cas, auront été consenties par les intéressés ou imposées par les tribunaux compétents viendront en déduction des sommes à payer en vertu de la présente loi.

Art. 11

(L'inscrit), le participant,
. . . .
suivant les (principes et règles du droit commun), articles 1382 et 1383 du Code civil, des indemnités aux personnes autres que l'armateur, le patron ou ses préposés, responsables des faits intentionnels ou fautes (lourdes) inexcusables, ayant déterminé la réalisation des accidents ou risques dont (lesdits inscrits) les participants auront été victimes.

Art. 12

Les pensions et autres allocations accordées en vertu de la présente loi sont incessibles et insaisissables.

Elles prennent cours :

Pour les inscrits, du jour où ils ont cessé de recevoir leurs salaires, conformément à l'article 262 du Code de commerce ;

Pour les veuves, les orphelins et les ascendants, du jour du décès qui y ouvre des droits ou, en cas de disparition à la mer, du jour des dernières nouvelles.

Art. 12

. . . .
Pour les (inscrits) participants embarqués sur des bâtiments naviguant au long cours ou au cabotage, du jour où ils ont cessé de recevoir leurs salaires, conformément à l'article 262 du Code de commerce.

Pour les participants naviguant à la petite pêche au pilotage ou au bornage, du jour de leur mise à terre.

d'infirmité du 2ᵉ degré en une pension d'infirmité du 1ᵉʳ degré.

Art. 11

Les dispositions ci-dessus ne font pas obstacle à ce que le participant, ses ayants cause ou la Caisse nationale de prévoyance subrogée à leurs droits, demandent directement, suivant les articles 1382 et 1383 du Code civil, des indemnités aux personnes autres que l'armateur, le patron ou ses préposés, responsables des faits ayant occasionné les accidents ou risques dont les participants auront été victimes.

Les indemnités qui, dans ce cas, auront été consenties par les intéressés ou imposées par les Tribunaux compétents, viendront en déduction des sommes à payer en vertu de la présente loi.

Art. 12

Les pensions et autres allocations, accordées en vertu de la présente loi, sont incessibles et insaisissables.

Elles prennent cours :

Pour les participants embarqués sur des bateaux dont les patrons ou leurs veuves sont propriétaires, du jour de leur mise à terre :

Pour les autres participants, du jour où ils ont cessé de recevoir leurs salaires, conformément à l'article 262 du Code de commerce.

Toute condamnation à une peine infamante ou à une peine correctionnelle de plus de six

éteinte au profit de ceux qui conservent leurs droits à la pension, aura également lieu toutes les fois que cette pension aura été la même, abstraction faite du droit éteint.

Art. 265.

Dans le cas où des personnes de l'équipage auraient été emmenées en captivité, par pirates, sauvages ou belligérants, employant leurs forces militaires à courir sus au navire marchand et à capturer les gens inoffensifs, l'armateur et, à son défaut, l'Etat, devra employer tous moyens et engager toutes dépenses pour faire remettre en liberté et rapatrier les malheureuses victimes de ces crimes, barbarie et excès.

Les loyers seront dus jusqu'au jour du rapatriement.

Les pensions et indemnités précédemment réglementées seront allouées, si, au cours de la captivité, la personne meurt ou contracte une infirmité à la suite de blessures ou de maladies.

Art. 266

Si une personne faisant partie de l'équipage est blessée, prise ou tuée en défendant le navire ou en accomplissant pour son salut un acte de dévouement dans lequel elle a exposé sa vie, si une personne de l'équipage a été prise et faite esclave en se rendant à terre pour le bien du navire, et si elle n'a pas été rachetée, — en dehors des soins, loyers, pension et indemnité accordées par les articles précédents, cette personne, ou ses ayants cause auront droit à une large rémunération arbitrée en cas de désaccord par le Tribunal de commerce ci-après désigné.

Art. 267

Pour effectuer le paiement des pensions, il sera perçu, en la forme ordinaire, une somme de 1 franc par tonneau de jauge et par an, sur tout navire de commerce de pêche ou de

Art. 13

La demi-solde d'infirmités est rayée si, à quelque époque que ce soit, le titulaire embarque à titre professionnel sur un navire ou bateau de commerce ou de pêche ou sur un bâtiment de plaisance pourvu d'un rôle d'équipage.

Art. 14

Le payement des pensions, secours et indemnités à la charge de la Caisse de prévoyance est garanti au moyen de la constitution annuelle du capital présumé nécessaire pour servir, jusqu'à leur extinction, les allocations accordées en vertu de la présente loi pendant l'année écoulée.

Ce capital est calculé en appliquant au montant des pensions et secours concédés pendant l'année les règles suivies par la Caisse nationale des retraites, et en ajoutant au produit ainsi obtenu la somme des indemnités allouées et des frais d'administration dépensés pendant ladite année. Il est réalisé dans la caisse de l'institution au moyen :

1o Des trois premières espèces de recette prévues à l'article 2 et afférentes à l'année, à l'exclusion toutefois des dons, legs et subsides ayant une affectation spéciale et supplémentaire ;

2o S'il y a lieu, d'un prélèvement sur le fonds de réserve constitué en vertu de l'article 15 de la présente loi ;

3o En cas d'insuffisance de ces ressources,

Art. 13

Supprimé.

Art. 14

(Les modifications à apporter à cet article sont subordonnées à la solution à intervenir en ce qui concerne la question de principe : maintien du système financier de la *capitalisation* ou adoption de la *répartition*.)

Art. 13 (ancien 14)

(*Conforme au texte de la loi du 21 avril 1898).*

mois d'emprisonnement, entraîne, pendant sa durée, la suspension du payement de la pension ou autre allocation. Le payement est rétabli en cas de réhabilitation ou de grâce ou à l'expiration de la peine.

Pendant la suspension du payement de la pension ou autre allocation, la femme ou les enfants de l'ayant droit reçoivent, à sa place, le montant des arrérages correspondant à la période de suspension.

Art. 13

Le payement des pensions et secours annuels à la charge de la Caisse de prévoyance est garanti au moyen :

1º Des cinq premières espèces de recettes prévues à l'article 2 et afférentes à l'année, à l'exclusion toutefois des dons, legs et subsides ayant une affectation spéciale et supplémentaire ;

2º S'il y a lieu, d'un prélèvement sur le fonds de réserve constitué en vertu de l'article 15 de la présente loi ;

3º En cas d'insuffisance de ces ressources, d'avances remboursables de l'Etat, égales au déficit.

plaisance. Cette perception sera diminuée ou augmentée selon que par le résultat des deux exercices annuels consécutifs, elle aura été reconnue supérieure ou inférieure aux besoins du service.

Les sommes ainsi perçues seront versées à la Caisse des Dépôts et Consignations, et payées aux ayants droit sur le bordereau d'attribution délivré par les Administrateurs de la Marine du port, où lesdits ayants droit sont immatriculés, s'il s'agit d'inscrits maritimes, ou du port d'attache du navire, s'il s'agit de personnes de l'équipage non portées sur les registres de l'Inscription maritime.

Art. 268

Les pensions seront liquidées par les soins et à la diligence des Administrateurs de la Marine. En cas de négligence du fonctionnaire ou de contestation, soit de son chef, soit du chef du Syndicat des armateurs, il sera statué par le Tribunal de commerce du port d'immatriculation des inscrits, ou du port d'attache du navire, selon la distinction ci-dessus établie.

Quand le jugement aura acquis l'autorité de la chose jugée, la Caisse des Dépôts et Consignations sera libérée en payant sur le bordereau ordonnancé de l'Administrateur de la Marine, ou, s'il se refuse à établir ce bordereau, sur la production du jugement ou de l'arrêt définitif. La Caisse des Dépôts et Consignations sera appelée dans l'instance. Cette instance sera poursuivie comme en matière d'assistance judiciaire, par ou contre l'Administrateur de la Marine ès-qualités, le Syndicat des armateurs pouvant toujours intervenir à ses frais et risques.

Art. 269

Aucune autre demande, à raison de décès, prise, captivité, maladies, blessures ou infirmités, ne pourra être formée, soit contre les propriétaires, soit contre les armateurs, soit

d'avances remboursables de l'Etat égales au déficit.

Art. 15

Lorsque le produit des ressources ordinaires de la Caisse dépasse le chiffre du capital nécessaire, l'excédent constitue une réserve destinée à couvrir, jusqu'à due concurrence, les déficits qui pourraient se produire ultérieurement et à rembourser les avances de l'Etat.

Lorsque le montant de cette réserve vient à atteindre un million et demi de francs (1,500,000 fr.) net, la cotisation à verser par les inscrits maritimes, en vertu de l'article 3, peut être réduite dans la proportion nécessaire pour ne pas augmenter la réserve au delà de ce chiffre. Les versements à effectuer par les propriétaires ou armateurs de bâtiments et patrons propriétaires de bateaux, en exécution de l'article 4, sont réduits dans la même proportion.

Si le fonds de réserve vient à tomber au-dessous de cinq cent mille francs (500,000 fr.), les contributions énumérées au précédent paragraphe sont relevées dans une proportion commune en vue de ramener ce fonds à son maximum.

Art. 16

Si le produit des ressources énumérées aux alinéas numérotés 1° et 2° de l'article 14 ne suffisent pas pour constituer le capital nécessaire et que l'Etat soit obligé de parfaire le déficit au moyen d'avances, ces avances devront, préalablement à toute réduction des cotisations et des versements des participants, être remboursés à l'Etat, lorsque les recettes viendront à l'emporter sur les charges.

En cas de succession de déficits annuels ayant entraîné des avances de l'Etat, le taux des cotisations ou versements pourra être momentanément relevé dans la proportion nécessaire pour mettre la caisse à même d'équi-

Art. 15

(Même observation que pour l'article 14 ci-dessus).

Art. 16

(Même observation que pour l'article 14 ci-dessus).

Art. 14 (ancien 15)

Lorsque le produit des **ressources** (*ordinaires*) **annuelles** de la Caisse dépasse le chiffre (*du capital*) nécessaire **au service des pensions et secours,** l'excédent constitue une réserve destinée à couvrir, jusqu'à due concurrence, les déficits qui pourraient se produire ultérieurement et à rembourser les avances de l'Etat.

(Tout le reste de l'article est supprimé).

Art. 15 (ancien 16)

Si le produit des ressources **annuelles** énumérées aux alinéas numérotés 1° et 2° de l'article (*14*) **13,** ne suffisent pas (*pour constituer le capital nécessaire*) **pour équilibrer les dépenses de l'année** et que l'Etat soit obligé...... (*et des versements des participants*).

En cas de succes-

Art. 14

Lorsque le produit des ressources annuelles dépasse le chiffre nécessaire au service des pensions et secours, l'excédent constitue une réserve destinée à couvrir, jusqu'à due concurrence, les déficits qui pourraient se produire ultérieurement et à rembourser les avances de l'Etat.

Dans le cas où, par suite de l'élévation du fonds de réserve, la situation économique et la prospérité assurée de la Caisse de prévoyance le permettraient, les cotisations des participants pourront être réduites, ainsi que les taxes correspondantes, dans les formes indiquées à l'article 16 ci-après.

Art. 15

Si le produit des ressources annuelles énumérées aux alinéas numérotés 1° et 2° de l'article 14 ne suffisent pas pour équilibrer les dépenses de l'année et que l'Etat soit obligé de parfaire le déficit au moyen d'avances, ces avances devront être remboursées à l'Etat, lorsque les recettes viendront l'emporter sur les charges.

En cas de succession de déficits annuels ayant entraîné des avances de l'Etat, le taux des taxes à verser par les propriétaires ou armateurs de navires ou bateaux, en exécution de l'article 4, pourra être momentanément relevé sans dépasser toutefois le double de la

contre les capitaines, soit contre les officiers du navire, par les personnes faisant partie de l'équipage, à moins qu'il ne soit établi que la mort, la prise, la captivité, les maladies, les blessures, les infirmités ont été causées par une faute personnelle des propriétaires, armateurs, capitaines ou officiers du navire. L'auteur de la faute pourra seul être poursuivi et sous aucun prétexte, par dérogation expresse aux articles 1384 du Code civil, et 216 du Code de commerce, nul ne pourra être recherché comme responsable des faits de son préposé.

Si la faute est reconnue, les juges ne pourront allouer, à titre de dommages-intérêts, que la somme représentant la différence entre le préjudice éprouvé et celui qui se trouve déjà réparé par les allocations forfaitaires fixées aux articles précédents. Cet articles n'est pas applicale aux dommages causés par les navires portant pavillon étranger, lesquels devront être intégralement réparés, conformément aux règles du droit commun. Mais, si les victimes parviennent à recevoir une indemnité du navire étranger, l'armement français sera déchargé des pensions lui incombant, jusqu'à concurrence de la somme encaissée. Il en sera de même, toutes les fois que le dommage proviendra de tout autre tiers étranger au navire.

Art. 2

L'article 273 est remplacé par les dispositions suivantes :

Les dispositions de ce titre sont d'ordre public ;

Elles s'appliquent à tout l'équipage ;

L'équipage se compose de toutes les personnes employées à un titre quelconque au service du navire, d'une manière permanente ou temporaire.

librer ses recettes et ses charges, sans que toutefois ce relèvement puisse excéder un tiers des contributions exigées des participants en conformité des articles 3 et 4.

sion de déficits annuels ayant entraîné des avances de l'Etat... *(tout le reste de l'article supprimé et remplacé par les mots:)* le montant de la cotisation mise à la charge des armateurs et propriétaires de navires ou bateaux, par l'article 4, pourra être élevé au double du chiffre prévu audit article jusqu'à ce que l'équilibre entre les dépenses et les recettes annuelles soit rétabli, étant entendu que cette majoration de la cotisation des armateurs et propriétaires de bateaux ne sera demandée que dans la limite des besoins et jusqu'à concurrence du maximum prévu

Art. 17

Le taux des réductions et des relèvements des cotisations ou versements prévues aux articles 15 et 16, de même que le montant des remboursements à l'Etat sont fixés par décrets rendus sur la proposition des ministres de la marine et des finances, sur avis conforme du conseil d'administration institué par l'article 19. Les modifications de taux sont applicables à partir du 1er janvier de l'année qui suit le décret qui les prononce.

Art. 17

Conforme

Art. 16 (ancien 17)

Le taux *(des réductions et des relèvements des cotisations ou versements prévus aux articles 15 et 16)* du relèvement des cotisations prévu à l'article 15, de même que le montant des remboursements à l'E-tat..... *(conforme)*

quotité prévue audit article, jusqu'à ce que l'équilibre entre les dépenses et les recettes annuelles soit rétabli, étant entendu que cette majoration de taxes des propriétaires ou armateurs ne sera demandée que dans la limite des besoins annuels et jusqu'à concurrence du maximum prévu.

Art. 3

Dispositions transitoires.

Les pensions actuellement liquidées seront, de plein droit, à partir de la promulgation de la présente loi, portées au chiffre qu'elle établit, si elles y sont inférieures.

Les fonds non employés, restés disponibles dans la Caisse constituée par la loi du 21 avril 1898, seront versés à la Caisse des Dépôts et Consignations pour être affectés au service des pensions et indemnités établies par la présente loi.

Art. 16

Le taux des réductions et des relèvements prévus aux articles 14 et 15, de même que le montant des remboursements à l'Etat, seront fixés par des décrets rendus sur la proposition des ministres de la marine et des finances, sur avis conforme du Conseil d'administration institué par l'article 19. Les modifications de taux sont applicables à partir du 1er janvier de l'année qui suit le décret qui les prononce.

Art. 17

Les inscrits et les non inscrits, ainsi que leurs veuves, orphelins ou ascendants, peuvent revendiquer l'application de la loi du 9 avril 1898 sur les accidents du travail, lorsqu'ils sont victimes d'accidents ou de risques professionnels survenus en dehors des cas spécialement prévus par la présente loi.

Titre II. — Administration de la Caisse.

Art. 18	Art. 18	Art. 17 (ancien 18)

Le ministre de la marine est chargé de la gestion de la Caisse de prévoyance, avec le concours des fonctionnaires et agents ayant l'administration de la gestion de la Caisse des Invalides de la Marine.

Le contrôle financier de l'institution appartient à la Commission supérieure de l'établissement des Invalides.

Conforme   *Conforme*

Art. 19	Art. 19	Art. 18 (anc. 19)

Il est créé au ministère de la marine un conseil d'administration spécial de prévoyance.

Ce conseil est composé :

1° Des membres titulaires de la Commission supérieure des Invalides ;

2° D'un nombre d'inscrits maritimes et d'armateurs égal à celui des membres de la Commission précitée, pris par moitié dans chacune de ces deux catégories et nommés, par décret, pour une durée de trois ans.

Il est spécialement consulté sur l'emploi et le placement des fonds de la caisse et donne son avis sur les questions et projets relatifs à l'organisation et à la réglementation de l'institution.

Conforme   *Conforme*

Art. 20	Art. 20	Art. 19 (anc. 20)

Le calcul des cotisations à percevoir en conformité des articles 3 et 4 a pour base les rôles de désarmement des navires et embar-

Conforme   *Conforme*

Ils ne pourront, pour les cas spécifiés à l'article 5, exercer, contre les armateurs et les capitaines ou patrons, aucun recours autres que ceux résultant de l'application des articles 216 et 262 du Code de commerce.

Dispositions diverses.

ART. 18

Le ministre de la marine est chargé de la gestion de la Caisse de prévoyance, avec le concours des fonctionnaires et agents ayant l'administration et la gestion de la Caisse des Invalides de la Marine.

Le contrôle financier de l'institution appartient à la Commission supérieure de l'Etablissement des Invalides de la Marine.

ART. 19

Il est créé au ministère de la marine un conseil d'administration spécial de la Caisse de prévoyance.

Ce Conseil est composé :

1° Des membres titulaires de la Commission supérieure des Invalides de la **Marine**.

2° D'un nombre d'inscrits maritimes et d'armateurs égal à celui des membres de la Commission précitée, pris par moitié dans chacune de ces deux catégories et nommés, par décret, pour une durée de trois ans.

Il est spécialement consulté sur l'emploi et le placement des fonds de la **Caisse de prévoyance** et donne son avis sur les questions et projets relatifs à l'organisation et à la réglementation de l'institution.

ART. 20

Le calcul des **taxes et cotisations** à percevoir en conformité des articles 3 et 4 a pour base les rôles de désarmement des navires et cations dressés par l'administration de la marine.

La réglementation relative au recouvrement des droits dus à la Caisse des Invalides de la Marine est appliquée pour la perception des cotisations.

Art. 21

Pour faire valoir ses titres à l'une des allocations prévues dans l'article 5, l'inscrit doit, sous peine de déchéance, adresser au commissaire de l'inscription maritime, dans le délai de deux mois qui suit son débarquement ou son retour en France, s'il est débarqué à l'étranger ou aux colonies, une demande écrite ou verbale, dont il lui est donné récépissé.

La même demande, dont il est également donné récépissé, doit, sous peine de déchéance, être adressée dans le délai d'un an à partir du jour de la mort de l'inscrit, ou dans un délai de deux ans à partir du jour de ses dernières nouvelles, s'il a disparu en mer, par les veuves, orphelins, ascendants ou tuteurs qui invoquent le bénéfice des articles 6 à 10. Dans le cas de disparition, la demande est instruite dès la décision du ministre de la marine établissant la disparition du marin ou la perte corps et biens du bâtiment ou de l'embarcation qu'il montait.

Un règlement d'administration publique déterminera les justifications à produire pour l'établissement du droit, ainsi que les délais dans lesquels ces justifications devront être présentées. En ce qui concerne la demi-solde d'infirmité, l'instruction comportera la visite par la Commission spéciale instituée par l'article 1er de la loi du 11 avril 1881 et la constatation par cette nouvelle Commission que l'état de l'impétrant provient des causes et produit les conséquences spécifiées à l'article 5.

Art. 21

(l'inscrit)
le participant,

(deux mois)
de six mois

(l'inscrit)
du participant

Art. 20 (anc. 21)

Conforme

embarcations dressés par le Ministre de la marine.

La réglementation relative au recouvrement des droits dus à [la Caisse des Invalides de la Marine est appliquée pour la perception des taxes et cotisations.

ART. 21

Pour faire valoir ses droits à l'une des allocations prévues à l'article 5, le participant doit, sous peine de déchéance, adresser à l'administrateur de l'Inscription maritime, dans le délai de six mois qui suit son débarquement ou son retour, s'il est débarqué à l'étranger ou aux colonies, une demande écrite ou verbale dont il lui est donné récépissé.

La même demande, dont il est également donné récépissé doit, sous peine de déchéance, être adressée dans le délai d'un an, à partir du jour de la mort du participant ou dans le délai de deux ans à partir du jour de ses dernières nouvelles, s'il a disparu en mer, par les veuves, orphelins, ascendants ou tuteurs qui invoquent le bénéfice des articles 6 à 10.

Dans le cas de disparition, la demande est instruite dès la décision du ministre de la marine établissant la disparition du marin ou la perte corps et biens du bâtiment ou de l'embarcation qu'il montait.

Un règlement d'administration publique déterminera les justifications à produire pour l'établissement du droit, ainsi que les délais dans lesquels ces justifications devront être présentées. En ce qui concerne la pension d'infirmité, l'instruction comportera la visite par la Commission spéciale instituée par l'article premier de la loi du 11 avril 1881 et la constatation par cette Commission que l'état de l'impétrant provient des causes et produit les conséquences spécifiées à l'article 5.

ART. 22

Les demi-soldes d'infirmité, les pensions de veuves et les secours aux orphelins ou ascendants qui en dérivent, sont accordés suivant la procédure en vigueur pour la concession de la demi-solde.

L'indemnité temporaire est accordée par décision du ministre, après enquête administrative et pour une durée qui ne pourra excéder six mois.

Au delà de ce terme, elle peut, sur avis conforme de la Commission de visite instituée par l'article 1er de la loi du 11 avril 1881, être transformée, par décision du ministre, en une indemnité renouvelable de six mois en six mois, chaque renouvellement ayant lieu après enquête. Au bout de trois années à partir de la décision ministérielle spécifiée au précédent paragraphe, cette indemnité renouvelable est supprimée ou convertie, après une nouvelle visite, en demi-solde d'infirmité, conformément à l'article précédent.

ART. 23

Les fonds de la caisse de prévoyance sont employés en rentes sur l'Etat, en valeurs du Trésor et en obligations garanties par l'Etat.

ART. 24

Il est tenu à l'administration centrale de l'établissement des Invalides un grand livre sur lequel sont enregistrés les pensions et secours annuels au fur et à mesure de leur constitution.

Un certificat d'inscription formant titre est délivré à l'ayant droit.

ART. 22

(*Ministre*) **Préfet maritime.**

Conforme

ART. 23

Conforme

ART. 24

Conforme

ART. 21 (anc. 22)

Conforme

ART. 22 (anc. 23)

Conforme

ART. 23 (ancien 24)

Conforme

Art. 22

Les pensions d'infirmité, les pensions des veuves et les secours aux orphelins ou ascendants qui en dérivent, sont accordés suivant la procédure en vigueur pour la concession de la pension dite demi-solde.

L'indemnité temporaire est accordée par décision du chef du service de l'Inscription maritime, après enquête administrative et pour une durée qui ne pourra excéder six mois.

Au delà de ce terme, elle peut, sur un avis conforme de la Commission de visite instituée par l'article premier de la loi du 11 avril 1881, être transformée par décision du ministre, en une indemnité renouvelable de six mois en six mois, chaque renouvellement ayant lieu après enquête. Au bout de trois années, à partir de la décision ministérielle spécifiée au précédent paragraphe, cette indemnité renouvelable est supprimée ou convertie après une nouvelle visite en pension d'infirmité, conformément à l'article précédent.

Art. 23

Les fonds de la Caisse nationale de prévoyance sont employés en rentes sur l'Etat, en valeurs du Trésor et en obligations garanties par l'Etat.

Les fonds constituant, au moment de la promulgation de la présente loi, le capital de garantie créé sous le régime de la loi du 21 avril 1898, sont versés tels qu'ils seront alors représentés, c'est-à-dire en rentes sur l'Etat, valeurs du Trésor ou obligations garanties par l'Etat, au fonds de réserve institué par l'article 14 ci-dessus indiqué.

Art. 24

Il est tenu à l'administration centrale de l'établissement des Invalides de la Marine un grand livre sur lequel sont enregistrés les pensions et secours annuels au fur et à mesure de leur constitution.

Un certificat d'inscription formant titre est délivré à l'ayant droit.

ART. 25	**ART. 25**	**ART. 24 (ancien 25)**
Les arrérages des pensions viagères et des secours annuels de la Caisse de prévoyance sont payés par trimestre sur la production d'un certificat de vie.	*Conforme*	*Conforme*
ART. 26	**ART. 26**	**ART. 25 (ancien 26)**
Les pensions et secours annuels sont rayés du grand livre après trois ans de non-réclamation des arrérages, sans que leur rétablissement donne lieu à aucun rappel d'arrérages antérieurs à la réclamation.	*Conforme*	*Conforme*
La même déchéance est applicable aux héritiers ou ayants cause des pensionnaires qui n'auront pas produit les justifications de leurs droits dans les trois ans qui suivront la date du décès de leur auteur.		
Les arrérages de pension non payés mais réclamés dans les trois ans qui ont suivi le décès du pensionnaire, ne sont plus passibles que de la prescription quinquennale.		
ART. 27	**ART. 27**	**ART. 26 (ancien 27)**
Les actes de l'état-civil, les certificats de notoriété et autres pièces relatives à l'exécution de la présente loi sont délivrés gratuitement par les maires ou par les syndics des gens de mer, et dispensés des droits de timbre et d'enregistrement.	*Conforme*	*Conforme*
ART. 28	**ART. 28**	**ART. 27 (ancien 28)**
Les règles en vigueur en ce qui concerne la liquidation et le payement des pensions dites de demi-solde sont applicables aux pensions et secours annuels concédés sur la Caisse de prévoyance pour tout ce qui n'est pas spécifié par la présente loi.	*Conforme*	*Conforme*
ART. 29	**ART. 29**	**ART. 28 (anc. 29)**
La Caisse de prévoyance supporte les dépenses spéciales d'administration qu'entraîne son fonctionnement.	*Conforme*	*Conforme*

Art. 25

Les arrérages des pensions viagères et des secours annuels de la caisse nationale de prévoyance sont payés par trimestre sur la production d'un certificat de vie.

Art. 26

Les pensions et secours annuels sont rayés du grand livre après trois ans de non-réclamation des arrérages, sans que leur rétablissement donne lieu à aucun rappel d'arrérages antérieurs à la réclamation.

La même déchéance est applicable aux héritiers ou ayants cause des pensionnaires qui n'auront pas produit les justifications de leurs droits dans les trois ans qui suivront la date du décès de leur auteur.

Les arrérages de pension non payés, mais réclamés dans les trois ans qui ont suivi le décès du pensionnaire, ne sont plus passibles que de la prescription quinquennale.

Art. 27

Les actes de l'état-civil, les certificats de notoriété et autres pièces relatives à l'exécution de la présente loi, sont délivrés gratuitement par les maires ou par les syndics des gens de mer, et dispensés des droits de timbre et d'enregistrement.

Art. 28

Les règles en vigueur en ce qui concerne la liquidation et le payement des pensions dites de demi-solde sont applicables aux pensions et secours annuels, concédés sur la Caisse nationale de prévoyance pour tout ce qui n'est pas spécifié par la présente loi.

Art. 29

La Caisse nationale de prévoyance supporte les dépenses spéciales d'administration qu'entraîne son fonctionnement. Toutefois, les frais de personnel et du matériel, concernant le

Art. 30

La présente loi est applicable à l'Algérie, à la Martinique, à la Guadeloupe, à la Réunion, à la Guyane, aux îles Saint-Pierre ét Miquelon, et à toutes autres colonies où serait légalement organisée l'inscription maritime.

Elle deviendra exécutoire à partir du 1er janvier qui suivra la date de la promulgation de la présente loi.

Art. 30

Conforme

Art. 29 (anc. 30)

Conforme

service central, à Paris, ne peuvent dépasser
1 pour cent du montant des ressources moyen-
nes de la Caisse, durant les trois années précédentes de son fonctionnement.

Art. 30

Les pensions et les suppléments y afférents,
ainsi que les secours annuels, concédés anté-
rieurement à la promulgation de la présente
loi, seront unifiés aux taux des nouveaux
tarifs qui l'accompagnent.

Les pensions et allocations qui ont été réduites de la moitié, en exécution de l'article 10
de la loi du 21 avril 1898, seront rétablies
pour la totalité et unifiées aux taux des nouveaux tarifs.

Art. 31

La présente loi est applicable à l'Algérie, à
la Martinique, à la Guadeloupe, à la Réunion,
à la Guyane, aux Iles Saint-Pierre et Miquelon, et à toutes autres colonies, où serait
légalement organisée l'Inscription maritime.

Elle deviendra exécutoire à partir du 1er janvier qui suivra la date de sa promulgation.

Art. 32

Sont et demeurent abrogées toutes les dispositions antérieures, contraires à la présente
loi.

TABLEAU COMPARATIF des Pensions d'infirmité

	LOI DU 21 AVRIL 1898								PROJET DE			
DÉSIGNATION	PENSIONS DES INSCRITS (Art. 5) en cas de		PENSION DES VEUVES ou secours annuel aux orphelins (art. 6 et 7) en cas de		SECOURS ANNUEL aux ascendants (art. 9) en cas de		SUPPLÉMENT ANNUEL pour enfant âgé de moins de dix ans (Art. 8)	DÉSIGNATION	PENSION DES INSCRITS (Art. 5) Demi-solde d'infirmité			
									du 1er degré 1 fr. 25 par jour	du 2e degré		
	non cumul	cumul	non cumul	cumul	non cumul	cumul			non cumul	non cumul	cumul	
	Fr.	Fr.	Fr.	Fr.	Fr.	Fr.	Fr.		Fr.	Fr.	Fr.	
Capitᵐᵉˢ au long cours — Mécaniciens de 1ʳᵉ et de 2ᵉ cl. dirigeant pendant leur dernier embarquement une machine d'une force nominale de 300 chevaux au moins.....	300	150	250	125	125	62 50	36	Capitᵐᵉˢ au long cours. — Mécanⁱᵉ de 1ʳᵉ et de 2ᵉ cl. ayant dirigé, pendant leur dernier embarquement, une machine d'une force nominale de 300 chevaux au moins.....	661	441	220 50	
Inscrits maritimes titulaires du brevet de pilote d'une station de mer, de patron breveté pour la pêche d'Islande, de maître au cabotage, de mécaniciens de 1ʳᵉ et de 2ᵉ classe.............	270	135	220	110	110	55 »	24	Inscrits maritimes titulaires du brevet de pilote d'une station de mer, de patron breveté pour la pêche d'Islande, de maître au cabotage, de mécanicien de 1ʳᵉ ou de 2ᵉ classe.	595	397	198 50	
Inscrits maritimes non titulaires de l'un des brevets ci-dessus et embarqués en dernier lieu comme officiers au long cours, au cabotage ou à la grande pêche, ou comme patrons d'embarcations exerçant la petite pêche au large.	240	120	200	100	100	50 »	24	Inscrits maritimes non titulaires de l'un des brevets ci-dessus et embarqués en dernier lieu comme officiers au long cours, au cabotage ou à la grande pêche, ou comme patrons d'embarcatⁱᵒⁿˢ exerçant la petite pêche au large.	529	353	176 50	
Inscrits maritimes ne se trouvant dans aucune des catégories ci-dessus.............	204	102	192	96	96	48 »	24	Inscrits maritimes ne se trouvant dans aucune des catégories ci-dessus...........	450	300	150	

accordées par les divers projets

M. DURASSIER					PROJET BRISSON-LE BAIL					
PENSION DES VEUVES ou secours annuel aux orphelins (art. 6 et 7) en cas de		SECOURS ANNUEL aux ascendants (art. 9) en cas de		SUPPLÉMENT ANNUEL pour enfant âgé de moins de 16 ans (art. 8)	DÉSIGNATION	PENSIONS D'INFIRMITÉ (Art. 5)		PENSION DE VEUVES ou secours annuel aux orphelins (Art. 6 et 7)	SECOURS ANNUEL aux ascendants (Art. 9)	SUPPLÉMENT ANNUEL pour enfant âgé de moins de 16 ans (art. 8)
non cumul	cumul	non cumul	cumul			1er Degré	2e Degré			
Fr.	Fr.	Fr	Fr.	Fr.		Fr.	Fr.	Fr.	Fr.	Fr.
368	184	184	92	36	Capitaines au long cours titulaires du brevet supérieur. — Mécaniciens de 1re classe dirigeant pendant leur dernier embarquement une machine de 4,000 chevaux effectifs et au delà...............	2.200	1.430	1.100	550	110
					Capitaines au long cours non titulaires du brevet supérieur. — Mécaniciens de 1re classe dirigeant, pendant leur dernier embarquement, une machine d'une force inférieure à 4,000 chevaux effectifs. — Docteurs Médecins............	1.600	1.040	800	400	80
					Maîtres au cabotage, officiers de la marine marchande. — Mécaniciens de 1re classe. Mécaniciens de 2e classe dirigeant une machine pendant leur dernier embarquement. — Commissaires. — Officiers de santé.	1.320	840	720	360	72
324	162	162	81	24	Inscrits maritimes titulaires du brevet de pilote d'une station de mer, de patron breveté pour la pêche d'Islande, de mécanicien de 2e classe. — Médecins des grandes pêches non pourvus du brevet d'officier de santé. — Econòmes. — Comptables et Sous-Commissaires.	1.000	650	600	300	60
294	147	147	73 50	24	Inscrits maritimes non titulaires de l'un des brevets ci-dessus et embarqués en dernier lieu comme officiers au cabotage, ou à la grande pêche, ou comme patrons d'embarcations pratiquant la pêche au large ou exerçant, en mer, la petite pêche, ou le bornage, ou le pilotage. — Agents de service des deux sexes ayant une paye mensuelle supérieure à 75 francs........	800	520	480	240	48
282	141	141	70 50	24	Inscrits maritimes ne se trouvant dans aucune des catégories ci-dessus. — Agents de service des deux sexes ayant une paye mensuelle de 75 fr., et au-dessous......	600	390	360	180	36

CHAPITRE IV

Législation étrangère

Nous nous proposons de résumer dans cette partie de notre travail la législation étrangère relative à l'assurance des gens de mer ; nous prendrons chaque pays l'un après l'autre et examinerons la situation qui est faite aux marins dans chacun d'eux.

Allemagne

Depuis longtemps, les gens de mer victimes d'accidents avaient droit à des indemnités.

Le Code de commerce allemand et l'ordonnance du 27 décembre 1872 avaient formulé certaines prescriptions en leur faveur.

D'une part, les gens de mer blessés en défendant le navire avaient droit à une allocation qui devait être éventuellement fixée en justice ; d'autre part, les gens de mer blessés ou malades pendant une période dont la durée atteignait, suivant les cas, 3 ou 6 mois à dater du terme du voyage, avaient droit à un certain secours, mais le principe de l'allocation n'était point celui de la réparation du préjudice causé par l'accident ; d'autre part, les secours étaient insuffisants.

Aussi le législateur allemand déposa-t-il, le 3 mars 1887, un projet de loi sur l'assurance des gens de mer contre les accidents (1).

Ce projet devint la loi du 13 juillet 1887 sur l'assurance des gens de mer et d'autres personnes attachées à la navigation maritime contre les accidents.

Cette loi imposait l'obligation de l'assurance à la majorité des intéressés, mais elle en excluait :

1° Les personnes dont le salaire annuel était supérieur à 2,000 marks ;

2° Les équipages des bateaux de pêche ;

3° Les équipages des navires maritimes qui n'avaient pas un tonnage de plus de 50 mètres cubes ne dépendant point d'un navire plus considérable ;

4° Les propriétaires de navires qui dirigent leur entreprise soit seuls, soit sans le secours d'autres personnes de l'équipage ;

5° Les capitaines qui ne recevaient aucun salaire.

Cette loi de 1887 a été, comme les autres lois allemandes sur les accidents du travail, modifiée par la loi du 30 juin 1900.

---

(1) Voir l'analyse de ce projet. Bellom, *Assurances contre les accidents*, tome II, première partie, page 522.

L'article 1ᵉʳ de la loi de 1900 sur les gens de mer énumère de la façon suivante les bénéficiaires des dispositions générales de la loi :

« Les personnes qui sont occupées :

« 1° Sur des navires maritimes allemands comme capitaines — pourvu que ces capitaines reçoivent un salaire ou un traitement — comme membres de l'équipage, mécaniciens, signaleurs, ou personnes appartenant à l'équipage à un autre titre (gens de mer) ;

« 2° Sur des navires maritimes allemands en station dans les ports allemands sans faire partie de l'équipage, dans la mesure où elles ne sont pas assurées contre les accidents en vertu d'autres lois ;

« 3° Dans des établissements allemands de docks flottants et entreprises analogues, ainsi que dans des établissements allemands destinés au service du pilotage, au sauvetage des personnes ou des marchandises en cas de naufrage, à la surveillance, à l'éclairage ou à l'entretien des eaux qu'utilise la navigation maritime ;

« Sont assurées, conformément aux dispositions de la présente loi, contre les suites des accidents survenant dans le travail, y compris ceux qui résultent, pendant le travail, d'événements dus aux éléments.

« La présente loi ne s'applique pas au personnel des entreprises de navigation maritime et autres tombant sous le coup de l'application du § 1ᵉʳ, qui font partie intégrante d'une autre entreprise assujettie à l'assurance contre les accidents. Sont de plus exclues des dispositions des articles 3 et suivants de la présente loi les personnes désignées dans l'article 1ᵉʳ de la loi sur l'assistance en cas d'accidents des employés et des militaires du 15 mars 1886, les employés occupés moyennant un traitement fixe et un droit à pension dans les exploitations d'un état confédéré ou d'une association communale, ainsi que les autres employés d'un état confédéré ou d'une association communale admis au bénéfice de l'assistance prévue à l'article 12 de la même loi.

« L'Office impérial décide, en cas de doute, après avoir entendu le comité directeur de la corporation (art. 41), si une entreprise est au sens de la présente loi assujettie à l'obligation de l'assurance. »

Cette dernière loi a supprimé toutes les exclusions de la loi de 1887 ; en effet, elle mentionne, dans son article 1ᵉʳ, § 1ᵉʳ, n° 2, parmi les personnes assurées celles qui, sans appartenir à l'équipage, sont occupées sur des navires maritimes allemands, dans des ports allemands, si elles ne sont pas assurées contre les accidents en vertu d'autres dispositions légales.

Dans son article 2, *in fine*, elle étend le bénéfice de l'assurance aux services rendus par des assurés pour le sauvetage de personnes ou de marchandises.

Enfin, elle prévoit un régime spécial pour les petites entreprises de navigation maritime et pour les entreprises de pêche maritime et côtière.

L'article 152 assujettit à l'obligation de l'assurance :

1° Les équipages des navires maritimes d'un tonnage maximum de 50 mètres cubes, qui ne dépendent point d'un navire plus considérable et ne sont pas disposés en vue d'être actionnés par la vapeur ou par une force mécanique (art. 152, n° 1);

2° Les équipages des bateaux de pêche naviguant dans les eaux maritimes et non encore assujettis par une décision du Conseil fédéral (art. 152, n° 2): celui-ci faisant usage des pouvoirs qui lui étaient conférés par l'article (1er § 5) de la loi de 1887, a en effet assujetti, le 14 juin 1895, la pêche à vapeur de haute mer, et, le 6 février 1896, la pêche en grand du hareng; le législateur de 1900 a estimé que ces entreprises se rattachent, par leurs caractères propres, aux entreprises assujetties en vertu de la loi de 1887 et qu'il n'y a point lieu de les soumettre au régime nouveau créé pour la pêche maritime par la loi de 1900; cette dernière loi n'a point, d'ailleurs, maintenu au Conseil fédéral ses pouvoirs précités, devenus sans objet;

3° Les équipages des bateaux de pêche qui naviguent dans les eaux communiquant avec la mer et parcourues par des navires maritimes; les limites de ces eaux doivent être (art. 152, n° 3, *in fine*) fixées par le Conseil fédéral. L'extension du domaine de l'assurance à ces entreprises se justifie par l'importance des risques d'accidents que la fragilité des bateaux et la pratique de la navigation côtière permettent d'assimiler aux risques des autres entreprises maritimes.

En ce qui concerne les indemnités, la loi de 1900 accorde :

A. — *En cas de mort* : a) A la veuve, une rente de 20 0|0 de la rémunération annuelle jusqu'à son décès ou son remariage; une rente de 15 0|0 à chaque orphelin de père jusqu'à l'âge de 15 ans, et de 20 0|0 s'il devient orphelin de père et de mère. Toutefois, l'ensemble de ces pensions ne peut excéder 60 0|0 de la rémunération annuelle. |

b) Aux ascendants de la victime dont celle-ci était l'unique soutien, 20 0|0 de la rémunération annuelle.

B. — *En cas d'incapacité a*) permanente et totale de travail, pour la durée de cette incapacité, une pension égale aux 2|3 de la rémunération annuelle, déterminée comme nous le dirons tout à l'heure. L'excédent de la rémunération annuelle au-dessus de 1,200 marks ne devra entrer en ligne de compte que jusqu'à concurrence de 1|3 de sa valeur.

b) Permanente et partielle de travail, une fraction de la pension définie au § *a*), qui doit être évaluée d'après le degré de la capacité de travail restante.

C. — *Si l'accident n'occasionne ni la mort, ni une incapacité permanente de travail*, l'indemnité consiste dans l'allocation des frais du traitement à partir de l'expiration de la période des secours dont le montant résulte pour l'armateur d'une obligation légale ou, en l'absence d'une obligation de cette nature, à partir du début de la quatorzième semaine qui suit l'accident, et, en outre de ces frais de traitement, à une indemnité journalière basée sur le degré de capacité de travail et qui ne peut en aucun cas dépasser les 2|3 du salaire journalier.

Les secours dont il est question au paragraphe qui précède sont ceux prévus par les dispositions du Code de commerce (art. 523 et suivants) et de l'Ordonnance du 27 décembre 1872 sur les gens de mer (art. 48 et suivants).

La détermination du salaire annuel de base s'effectue uniformément pour toutes les côtes allemandes par le Chancelier de l'Empire, l'autorité centrale de chaque État préalablement entendue. Les valeurs des salaires effectifs moyens mensuels ont fait l'objet de diverses ordonnances du Chancelier de l'Empire dont la plus récente a été publiée le 22 mai 1900. Cette ordonnance fixe le salaire moyen mensuel pour chaque catégorie de personnel embarqué à bord des navires.

Le salaire annuel de base se calcule donc par le produit par onze du salaire mensuel moyen fixé par l'ordonnance augmenté des 2/5 de la somme admise pour les matelots de première classe à titre d'équivalent de la nourriture servie sur les navires maritimes (1). (Art. 10, § 1).

_____

(1) La loi de 1887 n'accordait que le produit par 9.

En outre, la loi de 1900, dans le même article 10, § 1, *in fine*, spécifie que pour les classes de l'équipage, qui ont coutume de recevoir régulièrement en dehors de leur salaire ou traitement des rémunérations accessoires, la valeur moyenne de ces rémunérations accessoires doit entrer en ligne de compte lors de la fixation du salaire moyen (1).

Pour les autres dispositions de forme et d'application de la loi de 1900 on consultera avec intérêt l'important ouvrage de M. Bellom sur les lois d'assurance ouvrière à l'étranger, tome II, 2ᵉ partie, pages 2.736 et suivantes et 6ᵐᵉ partie pages 3.408 et suivantes.

Quant à la partie de cette loi relative au régime nouveau institué pour l'assurance des petits marins et pêcheurs, nous ne pouvons mieux faire que reproduire l'analyse qu'en a faite magistralement M. Edouard Fuster dans le Bulletin du Comité permanent du Congrès international des accidents du travail et des assurances sociales 1904 n° 1 pages 115 à 121.

Tout le chapitre IX, articles 152 à 164 de la loi, traite de l'assurance des petites entreprises de navigation maritime et de pêche maritime et côtière.

« L'assurance, dit l'exposé des motifs de l'article 152, est tout d'abord étendue à tous les navires maritimes jusque-là exclus, puis aux bateaux jusque-là exclus, qui servent à la pêche en haute mer, ainsi que dans les golfes, baies et anses de la mer, enfin, sous certaines conditions, aux bateaux servant à la pêche dans des eaux reliées à la mer et parcourues par des navires maritimes (ce qui vise surtout les embouchures des grands fleuves). Cette dernière extension est réalisée parce que très souvent la pêche dans ces estuaires est entreprise, non pas d'après les procédés de la pêche dans les eaux intérieures, mais bien avec les procédés habituels de la pêche maritime et par des hommes qui sans cette extension restaient soustraits aux avantages de la législation d'assurance. La fixation de la limite topographique en deçà de laquelle la pêche dans les différents fleuves est considérée comme pêche maritime est une question d'espèce qui sera tranchée dans chaque cas. Il est bon de confier cette délimitation au Conseil fédéral, où les différents États intéressés s'entendront sur les principes à adopter ».

Mais « ces entreprises seront soumises à un régime spécial, tant dans l'intérêt de la corporation maritime (à laquelle on ne pouvait

---

(1) La loi de 1887 ne faisait pas entrer ces rémunérations accessoires en ligne de compte.

imposer l'adhésion d'un si grand nombre de petites exploitations) que dans celui des entrepreneurs eux-mêmes qui ne peuvent, ni financièrement, ni administrativement, satisfaire à de trop grandes exigences ».

Les grandes entreprises déjà assujetties par les décisions du Conseil fédéral de 1895 (A. N., p. 207) et 1896 (A. N., p. 216), (*navires à vapeur servant à la pêche en haute mer et à la grande pêche du hareng*), se trouvent du reste dans une situation assez satisfaisante pour pouvoir rester affiliées à la corporation.

Dans un mémoire annexé au projet de loi, le Gouvernement a évalué à 10.717 le nombre des marins-pêcheurs tombant sous l'application des articles 152 et suivants.

- L'article 153 organise *l'assurance obligatoire des entrepreneurs* eux-mêmes de ces pêcheries et autres entreprises, s'ils font partie de l'équipage et n'emploient, d'ordinaire, pas plus de deux travailleurs salariés. Ainsi donc, ce n'est plus, comme dans les autres lois allemandes sur les accidents, la corporation qui se voit accorder le droit d'imposer par ses statuts l'assurance aux patrons : c'est la loi qui proclame cette obligation, en tenant compte des circonstances, c'est-à-dire du fait que ces patrons font d'habitude avec un seul mousse le service de leur bateau de pêche, et qu'ils ont aussi peu de ressources qu'un travailleur salarié ordinaire.

A la différence, d'ailleurs, des grands patrons auxquels l'article 5 de la même loi permet de s'assurer volontairement, c'est l'établissement annexe d'assurance et non la corporation qui joue le rôle d'assureur des patrons.

Toujours pour tenir compte des faits réels, le législateur considère ici comme *rémunération annuelle du travail* une somme moyenne, à savoir le produit par 300 du salaire quotidien usité dans la localité où est le siège de l'entreprise, pour les journaliers ordinaires. En effet, les bases admises, en ce qui concerne les autres catégories de personnes assurées, pour le calcul de l'indemnité, ont paru, en ce qui concerne ces catégories d'assurés nouveaux, trop compliquées ou absolument inapplicables. L'adoption d'un salaire de base *moyen* simplifiera notablement la gestion de l'assurance (art. 154).

L'article 155 règle les conditions du *secours pendant les treize semaines* consécutives de l'accident. Ainsi que cela se passe dans l'assurance agricole (art. 27) et l'assurance des ouvriers du bâtiment (art. 10), c'est à la *commune* dans laquelle se trouve le siège de l'exploitation qu'incombe le soin d'accorder les secours nécessaires,

28

à savoir le traitement médical gratuit, les médicaments, ainsi que les lunettes, bandages et autres appareils nécessaires. Les pêcheurs et les petits marins ont trop peu de ressources, en effet, pour qu'il fût possible d'imposer une charge si lourde à l'entrepreneur. Du reste, l'intervention de la commune n'est prévue elle-même qu'à titre subsidiaire, pour le cas où le blessé n'a pas droit, en vertu de la loi sur l'assurance-maladie ou de dispositions ou contrats analogues, à des secours au moins égaux.

Si le blessé se trouve *à l'étranger* (cas assez fréquent à la suite d'accidents survenus en mer), il est difficile de faire supporter à la commune la charge des premiers secours. Mais s'il s'agit de personnes habitant, en Allemagne, en dehors des limites de la commune du siège de l'exploitation, la commune du domicile doit se charger, sur la demande et aux frais de la première, des secours au blessé. Le remboursement est effectué, conformément à ce qui se passe dans l'assurance de l'industrie (art. 25), c'est-à-dire qu'il s'opère d'après un tarif général, à moins que la preuve ne soit faite de dépenses plus élevées.

Les corporations, ont, en général, le droit de prendre à leur charge ces premiers secours, afin d'assurer un traitement plus rationnel et intensif; elles ont aussi le droit, à l'expiration des treize semaines, de confier le blessé, jusqu'à la fin du traitement nécessaire, à la commune qui a fourni les premiers secours, sauf à rembourser à ladite commune ses frais supplémentaires. Or, l'article 155 donne les mêmes droits à l'établissement annexe d'assurance.

L'article 156 qui règle la *procédure à suivre en cas de contestations* au sujet des droits à indemnité ou à remboursement résultant de l'obligation de secours imposée aux communes, ne fait que reproduire les dispositions contenues dans les articles 31 de la loi sur les accidents agricoles et 11 de la loi sur les accidents des entreprises de construction.

En cas de mort, dit l'article 157, il est accordé un secours funéraire égal à vingt fois le salaire local moyen visé à l'article 154 et à 50 marks au moins, mais cela seulement si l'enterrement a lieu à terre. C'est, en somme, la reproduction de la disposition correspondante des autres lois sur les accidents, avec le correctif que rend nécessaire l'usage de l'immersion des marins morts en mer des suites d'un accident. Il en est de même, du reste, des autres marins visés par le reste de la loi (art. 21).

Les articles 158-160 parlent de l'assureur, c'est-à-dire de l'*établis-*

sement d'assurance annexé à la corporation. Cet établissement a été constitué comme le sont les établissements annexés aux corporations de la construction, pour les travaux faits en régie (art. 18 et 71 de la loi sur l'assurance des travaux de construction). Les seules différences sont celles-ci : l'article 160 simplifie l'application de la loi, en laissant de côté certaines obligations prévues par le reste de la loi [obligation d'avoir un fondé de pouvoirs pour chaque navire, (art 33); obligation d'évaluer pour chaque navire le nombre moyen des marins composant l'équipage, (art. 49); obligation de tenir un cadastre (art. 59); obligation de tenir des listes spéciales de tous les accidents survenus à bord (art. 65)]; d'autre part, l'article 159, § 5 met les *frais d'administration de l'établissement à la charge de la corporation*. Cette dernière disposition est justifiée par le fait que, d'après l'article 162, § 2 il ne peut se produire de ces non-paiements de contributions (inévitables dans tout autre groupement de petits entrepreneurs), et par cet autre fait que les frais d'administration sont infimes, la gestion étant fort simple et se trouvant surtout assurée dans la plupart des cas par les autorités. La corporation n'a pas les ennuis et les frais qui résulteraient pour elle de l'affiliation de nombreux petits entrepreneurs, ennuis et frais que supportent toutes les autres corporations placées dans une situation analogue : il a donc paru équitable de simplifier la comptabilité en faisant une masse des frais d'administration occasionnés par les deux organes de l'assurance des gens de mer.

En somme la corporation reste bien l'assureur ; son comité directeur et l'assemblée de ses membres sont les administrateurs de l'établissement (sauf dispositions contraires des statuts); les rentes et dépenses de l'établissement sont calculées à part et les fonds disponibles conservés à part; l'actif destiné à couvrir les frais de l'assurance organisée par les articles 152-164 ne peut être affecté aux autres dépenses de la corporation; la corporation doit avancer sur son fonds de réserve, s'il y a lieu, les fonds nécessaires à l'établissement; l'établissement ne peut accepter d'assurances autres que celles prévues aux articles 152 et 153 ; les frais d'administration de l'établissement sont supportés par la corporation ; diverses obligations imposées aux patrons par le reste de la loi sur l'assurance des gens de mer sont abandonnées en ce qui concerne les petits patrons visés ici ; des statuts annexes, spéciaux à l'établissement, doivent être élaborés par l'assemblée de la corporation.

L'article 162 est particulièrement intéressant. Il règle le *régime financier, la constitution des ressources* de cette assurance spéciale. En voici le texte :

« Les ressources nécessaires pour payer les indemnités sont constituées au moyen de contributions, fixées à l'avance au moins tous les cinq ans par l'Office impérial, et calculées de telle sorte qu'elles couvrent, outre les autres prestations à fournir par l'établissement, la valeur en capital des rentes qui sont accordées par l'établissement.

« Les contributions sont, conformément à des règlements de détail émanant de l'autorité centrale de l'État intéressé, payées par les associations communales qui comprennent des circonscriptions maritimes ; elles sont réparties entre elles d'après le nombre des personnes occupées, dans leurs circonscriptions, par des entreprises visées à l'article 52. Le Conseil fédéral a la faculté d'ordonner que la répartition sera effectuée en tenant compte de la durée de l'occupation et de la différence des salaires quotidiens moyens de la localité ».

L'introduction et l'application, par cet article, du système de la constitution du capital représentatif des rentes, rappellent les procédés en usage dans l'assurance des travaux de construction. Des contributions constamment croissantes (conséquence inévitable du système de la répartition) peuvent d'autant moins être imposées aux petites entreprises visées ici que la facilité avec laquelle l'entreprise peut être créée puis abandonnée rend vraisemblables de très fréquentes variations du personnel des patrons.

Le § 2 de cet article, complété par l'article 163, consacre une très importante innovation. Il s'agit du *recouvrement des contributions*. La petite navigation et les petites pêcheries maritimes sont, la plupart du temps, entreprises par des patrons si misérables, et elles leur procurent des gains si infimes, qu'il serait très nuisible de leur imposer entièrement la charge des contributions, — surtout si l'on considère que, le risque étant très élevé, les contributions payables par entreprise seraient considérables. C'est pourquoi le législateur a mis le paiement des contributions à la charge des associations communales, c'est-à-dire des groupements administratifs (cantons, arrondissements, etc...), dans la circonscription desquelles ces petites entreprises ont leur siège. Ces groupements ont un puissant intérêt à l'organisation de l'assurance contre les accidents pour tous les petits marins et pêcheurs qui constituent une partie importante et généralement nécessiteuse de

leur population ; ces marins et pêcheurs, s'il n'existe pas d'assu-
rançe, tombent, en cas d'accident du travail, presque entièrement
à la charge de l'assistance publique, pour laquelle ils constituent
une très lourde charge ; ils viennent donc compromettre encore
davantage le budget des communes, déjà si chargées et si pauvres,
des régions maritimes. Il était donc tout indiqué de faire colla-
borer, pour une part importante, ces groupements de communes
aux charges de l'assurance contre les accidents. Cette intervention
obligatoire des associations communales n'est pas sans précédent,
même dans l'assurance contre les accidents : en effet, d'après les
articles 23-*b* et 32 de la loi sur l'assurance des travaux de construction lorsqu'il s'agit de petits travaux effectués en régie, les contributions sont payées par les communes au prorata de leur population.

La répartition des charges s'effectuera au prorata du nombre
des personnes exerçant des travaux prévus à l'article 152. Cette base
de répartition est inexacte en ce sens que, parmi ces personnes,
il s'en trouve qui sont marins ou pêcheurs pendant toute ou presque
toute l'année, tandis que d'autres le sont seulement pendant
quelque temps. De plus, différentes catégories (et surtout les pêcheurs) se répartissent inégalement entre les diverses circonscriptions côtières : sur les côtes de la mer du Nord, l'occupation
constante est la règle ; sur les côtes de Baltique, c'est au contraire
l'occupation temporaire. Il pourrait en résulter, si l'on répartissait
les charges uniquement d'après le nombre des personnes employées,
une charge excessive pour les associations communales de la Baltique, puisque celles-ci comptent un nombre relativement considérable de pêcheurs, avec une durée totale de l'emploi assuré relativement peu importante, tandis que, pour les pêcheurs de la mer
du Nord, la longue durée du risque est la règle pour chacun des
assurés. Autre cause d'inégalité : le montant des salaires locaux
moyens pris pour base des indemnités, et cela de nouveau au dé-
triment de la Baltique. Dans cette région, on n'aurait à payer que
des indemnités relativement faibles, tandis que les associations
communales devraient, à cause du nombre considérable des pêcheurs, contribuer au paiement des indemnités, relativement élevées,
payables dans la région de la mer du Nord. Dans ces conditions, il
convient, sinon de régler dès le début, des barèmes dégressifs
de contributions, du moins de rendre possible l'établissement
de l'équilibre. La loi laisse donc au Conseil fédéral le droit de
régler autrement le mode de répartition des charges. Quant aux

détails de la procédure de recouvrement, ils seront fixés par voie de règlements, émanant de chacun des Etats intéressés.

Nous pouvons mentionner encore le fait que d'après le mémoire mathématique annexé au projet de loi, la contribution moyenne par assuré doit être de *dix marks* environ.

L'article précédent traitait de la répartition des charges entre les associations communales. L'article 163 s'occupe de la *répartition des contributions au sein de chacune de ces associations.* La règle est que la moitié en doit rester définitivement à la charge de ladite association, mais que l'autre moitié doit être fournie par les patrons visés par l'article 152, par l'intermédiaire des associations communales d'ordre inférieur ou enfin des communes ; en sorte que les associations ou communes ont la responsabilité du recouvrement de cette portion des contributions, et en transmettent le produit à l'association communale d'ordre supérieur. Toutefois, il peut être admis que les cercles ou communes prennent eux-mêmes à leur charge cette part de contributions, aux lieu et place des patrons. En tout cas, c'est aux cercles et communes qu'incombe le paiement des contributions irrécouvrables. La commune garde donc la faculté de n'astreindre que les patrons relativement aisés au paiement d'une contribution et de libérer de cette charge les petits patrons nécessiteux, afin de s'épargner des retards et ennuis et des frais de recouvrement et des poursuites peut-être sans résultat. Dans les communes où la majorité des habitants vivent, dans des conditions de vie à peu près uniformes, de la pêche (villages de pêcheurs), on préférera souvent, pour simplifier, payer sur les fonds de la commune, constitués eux-mêmes par les mêmes petits patrons, les portions de contributions qui incombent aux patrons de l'article 152.

Si la commune décide de payer elle-même les contributions, la délibération prise doit indiquer le mode de répartition entre les habitants, à moins qu'on ne préfère s'en tenir au procédé des centimes additionnels. Les autorités de surveillance doivent être appelées à approuver cette délibération, afin que tous les intérêts en présence soient bien sauvegardés.

Si les patrons sont appelés à payer les contributions, ils sont tenus de déclarer tous changements dans la personne du patron. Les contestations peuvent en général être réglées par l'autorité de surveillance. Il n'est bon de faire intervenir l'Office impérial que lorsqu'on conteste l'obligation elle-même de fournir des contributions en vue de l'assurance. En effet, il ne s'agit d'ordinaire que de

la question suivante : le plaignant fait-il ou non partie des patrons
visés à l'article 152 ?

Le dernier article (164) contient des dispositions relatives aux
déclarations d'accidents et aux enquêtes; ces dispositions diffèrent
naturellement quelque peu de celles contenues dans la partie prin-
cipale de la loi. Ici « la déclaration d'accident prévue par l'article 66,
doit être effectuée par écrit ou verbalement à l'autorité locale de
police dans la circonscription de laquelle l'accident est survenu ou
dans laquelle s'effectue le premier séjour après l'accident. L'enquête
(art. 68) est faite par l'autorité de police à laquelle est faite la déclaration. Sur la demande des intéressés, l'autorité administrative supérieure peut confier l'enquête à une autre autorité de
police. »

Autriche

Nous sommes étonnés de ne pas voir dans cette puissance, où
l'assurance obligatoire existe pour la plus grande partie des travailleurs, imitée de l'Allemagne, une loi spéciale pour la garantie des
gens de mer.

La loi sur l'assurance des ouvriers contre les accidents du 28 décembre 1887, excluait les entreprises de navigation intérieure ainsi
que les entreprises de navigation soumises aux lois maritimes.

La loi du 20 juillet 1894, qui a étendu très sensiblement le domaine de l'assurance, a assujetti à l'assurance obligatoire les entreprises de transport industriel des personnes ou des marchandises,
soit par voie de terre, soit par voie fluviale et de navigation intérieure, mais en maintenant l'exclusion prévue par la loi de
décembre 1887, des entreprises de navigation soumises aux lois
maritimes. Cependant, la nouvelle loi autorise, par son article 6, les
entrepreneurs dont les exploitations ne sont pas assujetties, à assurer contre les accidents du travail, auprès de l'établissement d'État
d'assurance dont le ressort comprend l'exploitation, leurs ouvriers
et employés techniques.

C'est donc en vertu de cette disposition que les armateurs peuvent
donner à leur personnel naviguant, les avantages de l'assurance
dont les indemnités correspondent à celles de notre loi du 9 avril
1898, sous cette réserve que l'allocation pour l'incapacité temporaire
n'est due qu'à partir de la cinquième semaine de l'accident.

Certains armateurs ont fait usage de la faculté qui leur est réservée par l'article 6; mais cette faculté ne saurait remplacer une loi spéciale dans laquelle seraient englobés les pêcheurs.

Quant aux dispositions des lois maritimes pouvant intéresser les marins, elles ne nous sont point connues d'une façon bien précise. Nous avons tout lieu de croire qu'elles se rapprochent de celles prévues par les articles 262 et suivants du Code de commerce français et que l'on retrouve notamment en Allemagne, Italie, Espagne et Portugal.

Belgique

La loi belge sur la réparation des dommages résultant des accidents du travail, promulguée le 24 décembre 1903 et dont l'application a commencé le 1er juillet 1905, n'a compris, parmi les industries assujetties, ni la navigation maritime ni la pêche à vapeur ou côtière.

Mais lors de la discussion de cette loi, on reconnut qu'il était difficile d'y faire rentrer les marins ; une loi spéciale s'imposait pour eux.

L'initiative de l'élaboration de cette dernière loi fut prise par quatre députés : MM. Eugène de Groote, Albert Ruzette, Jules Vanderheyde et Auguste Pol, qui, le 8 février 1905, déposèrent sur le bureau de la Chambre, *une proposition de loi sur l'assurance des marins, naviguant à la pêche, contre les risques de leur profession,* dont nous allons donner une succincte analyse.

Comme on le remarque, cette proposition ne vise que les marins pêcheurs, la marine marchande chez notre voisine est encore à sa naissance, et on paraît la laisser, pour le moment, sous la protection de la Caisse de secours et de prévoyance en faveur des marins naviguant sous pavillon belge, instituée par décret royal du 28 février 1885.

De plus, le personnel naviguant a les avantages équivalents à ceux de l'article 262 de notre Code de commerce, y compris le rapatriement aux frais de l'armement.

Dans les développements de son projet, M. de Groote dit qu'il importe de prémunir les courageux travailleurs de la mer contre leurs accidents professionnels et dans ce but, il hésite entre la législation du Danemark, qui le séduit par sa simplicité, mais dont il ne trouve pas la base scientifique et, le très intéressant projet hollandais du 19 novembre 1904 (dont nous avons fait une longue analyse) mais qu'il trouve un peu compliqué.

Tout en s'inspirant des législations étrangères les auteurs du projet de loi ont cru mieux faire de suivre autant que possible le cadre de la loi belge sur les accidents du travail, tout en tenant compte de certains faits particuliers aux pêcheurs. Tandis qu'un grand nombre de ceux-ci, engagés sur certains chalutiers à vapeur, sont de véritables salariés, beaucoup d'autres sont eux-mêmes patrons ou associés et ne tombent pas sous la notion du contrat de travail; les uns comme les autres sont exposés aux mêmes risques, et il importait de chercher une solution qui les fasse tous bénéficier de l'assurance. C'est pour ce motif que le projet ne se base pas sur le contrat de travail qui est le point fondamental de la loi sur les accidents du travail terrestre.

Ils ont aussi tenu compte du peu de marge que laissent les bénéfices aléatoires des armateurs à la pêche et du sacrifice important que doit s'imposer le pêcheur obligé d'assurer sa personne, ou, pour moitié, les camarades de son équipage ; ils concluent à la création d'une Caisse de prévoyance du genre de celle instituée en France par la loi du 21 avril 1898. Voici les dispositions principales de la proposition de loi :

Par l'article premier il est créé au profit des marins belges naviguant à la pêche une Caisse nationale de prévoyance pour la réparation des accidents de leur profession. La Caisse est revêtue de la personnalité civile.

D'après l'article 2, la Caisse est alimentée :

1º Par la cotisation fournie par les pêcheurs ou leurs employeurs conformément aux dispositions de la loi ou de l'arrêté royal qui déterminera le taux et le mode de prélèvement de cette cotisation.

2º Par les dons et legs des particuliers.

3º Par les subsides éventuels des provinces, des communes, des établissements publics, des associations et de la Caisse de prévoyance et de secours en faveur des victimes du travail.

4º Par un subside annuel de l'Etat qui ne sera, en tous cas, pas inférieur à 15,000 francs.

5º Par les cotisations prélevées en vertu de l'article 20 de la loi des accidents (fonds de garantie).

L'aliment prévu aux paragraphes 2º et 3º peut être donné au profit de régions expressément désignées ou de catégories de pêcheurs déterminées. Dans ce cas on en tiendra compte pour le calcul des cotisations à payer par les marins de ces régions ou de ces catégories, de telle sorte que le taux de leur cotisation soit diminué d'autant, sans que cela profite aux autres régions ou catégories.

Par l'article 3, le pêcheur bénéficiaire de la loi est désigné par tout Belge gagnant sa vie au moyen de la pêche maritime ou côtière, en tout ou en partie, travaillant pour son compte ou pour autrui et sont assimilés aux pêcheurs les volontaires, novices, mousses, même non salariés, ainsi que les employés qui, à raison de leur participation directe ou indirecte au travail, sont soumis aux mêmes risques que les pêcheurs et dont le salaire annuel ne dépasse pas 2.400 fr.

L'article 4 étend la réparation aux accidents survenus en mer au cours des sauvetages ou de la mise en sûreté des personnes et des biens ou au cours de la navigation sur un bateau de pêche, en dehors des manœuvres mêmes de la pêche.

Par l'article 5, le pêcheur, travaillant pour son propre compte ou comme associé, est garanti en payant la cotisation et en en faisant la déclaration au commissaire maritime de sa circonscription qui lui en donne récépissé.

Aux termes de l'article 6, le chef d'entreprise faisant partie du même équipage que le pêcheur aura le choix de s'assurer au moyen de la Caisse de prévoyance, ou conformément aux dispositions de la loi des accidents ; mais, dans tous les cas, la cotisation ou la prime devra être payée par moitié par le pêcheur et par le chef d'entreprise.

Mais, d'après l'article 7, si l'employeur ne navigue pas avec son équipage, il doit les indemnités prévues par le projet de loi, à charge par lui de payer la cotisation du marin sans pouvoir en retenir le montant sur le salaire de ce dernier.

Les articles 10, 11 et 12 fixent le taux des indemnités.

a) En cas d'incapacité temporaire de travail de plus de 4 jours, la victime a droit, à partir du jour qui suit l'accident, à une indemnité journalière de 50 % du salaire quotidien moyen.

b) Si l'incapacité est ou devient permanente, une allocation annuelle de 50 %, déterminée d'après le degré de l'incapacité, est due, à compter du jour où, par l'accord des parties ou par un jugement définitif, l'incapacité présente le caractère de la permanence ; mais, après 3 ans, cette allocation est remplacée par une rente viagère.

c) Si l'accident a causé la mort il est alloué :

1° 75 francs pour frais funéraires, si les funérailles ont lieu sur le territoire belge et 35 francs lorsque la victime a péri en mer ou est inhumée en terre étrangère.

2° Un capital représentant la valeur, calculé à raison de l'âge de

la victime au moment du décès, d'une rente viagère égale à 30 %
du montant du salaire.

Ce capital est exclusivement attribué aux catégories de personnes
suivantes : aux conjoints non divorcés ni séparés de corps, aux enfants légitimes âgés de moins de 16 ans, aux petits-enfants âgés de
moins de 16 ans ainsi qu'aux ascendants dont la victime était le
soutien, aux frères et sœurs, âgés de moins de 16 ans dont la victime
était le soutien.

Des dispositions spéciales sont prises suivant que la veuve a plus
ou moins d'enfants et pour la priorité à accorder aux bénéficiaires
ci-dessus mentionnés, ainsi que pour les conversions des parts du
capital en rentes viagères ou en rentes temporaires.

Les articles 13 et 14 déterminent le *salaire de base* pour la fixation des indemnités ; ce salaire s'entend du salaire annuel moyen
gagné par les assurés dans la circonscription à laquelle appartenait
la victime au moment de l'accident. Ce salaire annuel moyen est
déterminé tous les 5 ans par les comités institués par la loi du 11
juin 1891, qui doivent tenir compte du salaire représentatif, du
logement, de la part du produit de la pêche ou autres subventions
en nature.

Le salaire du patron pêcheur est le même que celui du marin
occupé sur le même bâtiment ou un bâtiment de rang égal.

Le salaire des volontaires, novices, mousses etc, recevant ou non
une rémunération quelconque ne sera jamais inférieur au salaire des
pêcheurs de la catégorie la moins rémunérée. Enfin, le salaire quotidien moyen s'obtient en divisant par 300 le chiffre du salaire
annuel.

Aux termes de l'article 16, les indemnités dues ne sont saisissables
que pour cause d'obligation alimentaire légale.

D'après l'article 17, les dommages résultant des accidents déga-
gent la responsabilité civile du chef d'entreprise, mais celle-ci peut
être invoquée si l'accident a été intentionnellement provoqué par lui.
La victime et les ayants droit, et le chef d'entreprise à défaut d'eux,
conservent le recours contre les personnes responsables de l'accident, autres que le chef d'entreprise et les dommages et intérêts
provenant de ce recours ne se cumulent pas avec les indemnités de
la loi.

L'article 18 refuse toute indemnité lorsque l'accident a été intentionnellement provoqué par la victime, de même qu'aucune indemnité n'est due à celui des ayants droit qui a intentionnellement provoqué l'accident.

L'article 19 stipule que toute convention contraire aux dispositions de la loi est nulle de plein droit.

Les articles 20, 21 et 22 déterminent les conditions dans lesquelles l'accident doit être déclaré et les dispositions pénales en cas d'infraction aux formalités à remplir pour ces déclarations. Ces formalités sont celles en usage pour les accidents maritimes.

D'après l'article 23, le Comité de la Caisse de prévoyance, seul compétent pour connaître des actions relatives aux indemnités, agit comme tribunal arbitral, devant lequel l'intéressé peut se présenter ou se faire représenter ; les décisions du Comité sont sans appel ; dans le cas de disparition, la demande est instruite, dès la décision du Ministre du travail établissant la disparition du marin ou la perte du bâtiment qu'il montait.

L'article 24 détermine la composition du Conseil de la Caisse de prévoyance qui se renouvelle par moitié tous les cinq ans et dont les frais généraux sont supportés par le gouvernement ; seuls, les frais relatifs à l'instruction des affaires, aux paiements des indemnités, à la gestion des fonds, sont supportés par la Caisse elle-même.

D'après l'article 25, les chefs d'entreprise, qui ne se seront pas assurés à la Caisse de prévoyance, seront soumis à la juridiction instituée par les articles 26, 27, 28, 30 et 31 de la loi des accidents du travail, sauf que le juge de paix compétent sera le juge de paix du canton où la victime a ou a eu son dernier domicile.

Les articles 26 et 27 accordent la gratuité du timbre, de l'enregistrement, du droit de greffe, des certificats, actes de notoriété et autres actes relatifs à l'exécution de la loi.

L'article 28 autorise la Caisse générale d'épargne et de retraite à traiter des opérations d'assurance contre le risque d'accidents prévu par la loi et les conditions générales et les tarifs de ces assurances devront être approuvés par arrêté royal.

L'article 29 dispose que les polices d'assurance en cours souscrites par les entreprises soumises à la loi, pourront être, dans le délai d'un an, dénoncées par l'assureur et par l'assuré, mais la dénonciation ne sortira ses effets qu'à partir de la mise en vigueur de la loi.

Enfin, par l'article 30 la loi ne sera applicable que six mois après la publication du dernier des arrêtés royaux, devant en régler l'exécution et par l'article 31 le gouvernement devra faire tous les cinq ans un rapport aux chambres sur l'exécution de la loi.

Danemark

Le Danemark possède une loi spéciale sur l'assurance des pêcheurs contre les accidents. C'est la loi du 3 avril 1900 (1).

Le vote de cette loi avait été précédé de nombreux travaux législatifs et de discussions nombreuses dans le Parlement. Présenté le 5 mars 1898, il ne fut, en effet, adopté en deuxième lecture que le 19 mars 1900, voté en troisième lecture par le Sandsthing le 21 mars 1900, et adopté sans modifications, par le Folkething, le 26 mars 1900.

Aux termes de cette loi, tout pêcheur peut s'assurer contre les accidents ; en effet, aux termes de l'article premier, § 1, toute personne domiciliée sur le territoire danois, qui gagne sa vie à l'aide de la pêche, soit en totalité, soit en partie, est admise à devenir membre d'un établissement d'assurance contre les accidents reconnu par le Ministre de l'Intérieur : il suffit pour cela qu'elle verse une contribution annuelle de 5 couronnes. L'assurance garantit au pêcheur les avantages prévus, tant par la loi du 3 avril 1900 que par celle du 7 janvier 1898, lorsqu'il est, au cours de la pêche sur un navire ou bâtiment danois, tant à l'intérieur qu'à l'extérieur des eaux danoises (article 1er, § 1), victime d'un accident qui réduit à titre temporaire ou permanent sa capacité de travail. La loi (article 1er, § 1 *in fine*) spécifie toutefois que l'accident doit avoir été causé par l'exercice de la pêche ou par les conditions dans lesquelles la pêche s'effectue, par des tentatives volontaires de sauvetage des vies humaines à la mer ou par la navigation sur des bâtiments de pêche en dehors des opérations de pêche proprement dites.

Les ayants droit d'un pêcheur décédé sont assurés dans les mêmes conditions (article 1er, § 2).

L'assurance ne s'applique pas toutefois aux accidents causés par l'intention ou par une grave négligence de la victime (article 1er, § 3).

La loi (article 1er, § 1) ne fait aucune distinction entre le pêcheur travaillant pour son propre compte et le pêcheur qui travaille pour le compte d'autrui. Elle spécifie du moins (art. 2) que, si un pêcheur engagé moyennant un salaire au service d'un industriel qui ne participe point personnellement, à titre permanent, au travail de la pêche, s'est assuré contre les accidents, il a le droit de réclamer à

---

(1) Voir le texte de cette loi. Bellom, *Assurances contre les Accidents* : livre II, 6e partie, annexe 11 pages 3.604. — Voir aussi *ibidem*, Vme partie, pages 2.818 et suivantes.

s on patron, sans subir de retenue sur le salaire, le montant de sa contribution d'assurance.

Cette loi établit :

1° Que le salaire annuel de base est fixé invariablement à 600 couronnes et le salaire quotidien à 2 couronnes 1/2 (art. 5, n° 1);

2° En cas de décès les allocations sont fixées dans tous les cas à 2,500 couronnes (art. 5, n° 2).

L'indemnité journalière due à partir de la quatorzième semaine est égalé aux 3/5 du salaire quotidien, sans dépasser 2 couronnes.

En cas d'incapacité permanente de travail, le blessé reçoit une allocation pécuniaire calculée d'après le salaire annuel de base; cette allocation est égale : si l'incapacité est totale, à six fois le salaire annuel sans pouvoir être supérieure à 4,800 couronnes ; si l'incapacité est partielle, à une fraction de l'allocation d'incapacité totale dépendant du degré d'incapacité;

3° Toutes les allocations sont payées directement par l'établissement d'assurances sans intervention du Conseil d'Assurance ouvrière (art. 5, n° 4);

4° La loi prévoit la création d'une section spéciale du Conseil d'Assurance ouvrière, chargé de statuer sur les questions d'assurances des pêcheurs (art. 5, n° 5).

Enfin, aux termes de l'article 3, le Trésor public doit combler le déficit éventuel de l'établissement d'assurances.

Cette loi a été modifiée sur certains points de détail par une loi du 15 mai 1903, qui a modifié en même temps la loi du 7 janvier 1898 sur les accidents du travail en général (1).

Quant aux marins attachés aux navires de commerce, ils sont soumis à la loi maritime danoise du 1er avril 1892 qui, dans son art. 90, prévoit que le capitaine doit faire donner à tout marin malade ou blessé les soins nécessaires à bord ou à terre; toutefois, dans le cas d'incapacité de travail de longue durée, le marin peut être congédié immédiatement et confié, si cela est possible, à l'étranger, au consul local. De plus, si le marin est congédié par suite d'une maladie ou d'une blessure résultant de sa propre faute, il n'a droit à son salaire que pour la durée du service qu'il a fourni, déduction faite des frais de traitement; s'il n'est pas congédié, il n'a droit à aucun salaire pour le temps pendant lequel il n'a pas fait son service, et les frais de son traitement restent à sa charge. Le marin qui, en toute

(1) Voir le texte de cette loi: Bellom, *Assurances contre les Accidents* : livre II, 6° partie, annexe 11 pages 3.607 et suivantes.

autre circonstance, tombe malade ou est blessé, a droit, quand il n'est pas congédié, à l'intégralité de son salaire pendant la maladie et aux soins nécessaires imputés au compte de l'armement; mais, lorsqu'il est congédié, il a droit à son salaire jusqu'au jour du congédiement, ou, si le congédiement n'a pas lieu, jusqu'au jour du départ du navire. Il a droit, en outre, au traitement aux frais de l'armement pendant quatre semaines s'il se trouve soit en Danemark, soit dans un port étranger où il pouvait être congédié conformément au contrat d'engagement, et, dans tous les autres cas, pendant huit semaines à compter du jour du congédiement ou, si le congédiement n'a pas lieu, à compter du jour du départ du navire. A défaut du consul danois à qui le malade puisse être confié, les avances, que le capitaine est obligé de faire pour le traitement du marin et qui ne sont pas à la charge de l'armement, peuvent être réclamées à l'Etat par le capitaine à titre de remboursement, sans qu'aucun recours soit ouvert au marin contre l'Etat.

L'article 98 de la même loi pose le principe que le marin laissé malade dans un port étranger doit être rapatrié aux frais de l'armateur.

Espagne

La loi du 30 janvier 1900 sur les accidents du travail déclare, dans son article 3, alinéa 8, assujetti *le transport par voie maritime*.

A ce propos, une ordonnance royale a été rendue le 12 mai 1903. Elle a été provoquée par une requête adressée au Ministère de l'Intérieur respectivement par l'assemblée générale de la Ligue maritime et des associations des capitaines et pilotes de la marine marchande de Bilboa et de Gijon. Cette ordonnance, tout en concluant à l'extension de la loi du 30 janvier *à la marine marchande, entend exclure du bénéfice de ladite loi les pilotes et capitaines* qui, représentant directement le chef d'entreprise, ne sauraient être assimilés à des ouvriers. Cette exclusion prête à la critique, tout au moins en ce qui concerne les capitaines de navires, en ce sens que, dans les industries terrestres, le gérant et le directeur des Sociétés ou Compagnies, bien que représentants du patron, ont droit au même titre que les ouvriers aux indemnités légales.

Cette ordonnance est ainsi conçue :

« S. M. le Roi a bien voulu ordonner :

« 1° Que dans l'article 3 de la loi sur les accidents du travail, sont « compris les ouvriers travaillant pour le compte d'autrui, quelle

« que soit l'espèce de navigation à laquelle ils se livrent, pêche et au-
« tres industries maritimes similaires, travaillant avec ou sans ré-
« munération, ou salaire, ou à forfait, en vertu d'un contrat de tra-
« vail verbal ou écrit ;

« 2° Que le délai de 24 heures prévu à l'article 8 du règlement
« relatif à l'application de ladite loi pour la déclaration de l'acci-
« dent, commence à compter, quand l'accident est survenu en mer,
« du moment où le navire arrive à un port espagnol ou à un port
« étranger ayant un consul de la nation ;

« 3° Qu'on invite les patrons ou entreprises maritimes à consi-
« gner, dans les contrats qu'elles passent avec les capitaines et pi-
« lotes, que ces derniers jouiront des avantages de la loi contre les
« accidents du travail en les considérant comme assujettis ; qu'on
« recommande aux autorités de la marine de s'efforcer de persuader
« aux parties intéressées d'imposer cette condition dans les con-
« trats à intervenir, et enfin qu'on se rappelle, pour en tenir compte,
« les raisons exposées dans les instances qui ont provoqué cette
« ordonnance, quand on traitera de la modification de la loi. »

La Ligue maritime sollicitait un éclaircissement de l'article 3 de
la loi et particulièrement des paragraphes 8 à 16 de cet article, et
proposait, pour éviter tous les doutes sur l'interprétation de ces articles et paragraphes, d'exprimer catégoriquement comme assujettis
à la loi non seulement le transport par voie maritime, mais encore
les entreprises de navigation quelconque, l'industrie de la pêche et
indistinctement toutes les industries exercées sur des navires ou en
mer.

Les associations des capitaines et pilotes demandaient que leurs
membres jouissent des avantages de la loi en cas *d'incapacité seulement* permanente et temporaire, prétextant que celle-ci devait s'appliquer à toutes les personnes se livrant à des travaux manuels, à
des opérations les exposant toutes, quel que soit leur grade, au
même danger d'accident.

Les deux requêtes exposaient en outre qu'il était indispensable de
modifier l'article 8 du règlement relatif à l'application de la loi obligeant tout chef d'entreprise à déclarer dans les 24 heures tout accident survenant à son personnel, en ce sens que, dans tout accident
se produisant en mer, ce délai de 24 heures ne commencera à compter que du moment où le navire arrive à un port espagnol ou à un
port étranger dans lequel se trouverait un consul de la nation.

Le Ministre de l'Intérieur, se basant sur un rapport de la commission de réformes sociales, à laquelle ces requêtes ont été soumises, a considéré qu'il y avait indubitablement lieu à l'application des dispositions de la loi sur les accidents du travail aux mariniers et autres ouvriers manuels employés à toute navigation; mais que, par contre, le caractère technique des professions de capitaines et de pilotes de la marine marchande empêche de les assimiler aux autres hommes sur l'équipage, conformément à l'article 2 du règlement qui définit ce qu'il faut entendre par ouvrier de ladite loi.

Il a considéré, également, que, même limitée, la demande des capitaines et pilotes à être admis au bénéfice de la loi précitée ne peut prévaloir en droit, parce que s'il paraît équitable et souhaitable, selon l'avis de la commission des réformes sociales, que les entreprises maritimes déclarent spontanément, ou stipulent dans les contrats passés avec eux, assimiler les capitaines et les pilotes aux autres catégories de leur personnel, en raison de la communauté du danger couru et de la nature spéciale de leurs fonctions, le Gouvernement, malgré la sympathie que lui inspire le mérite de la demande du capitaine et des pilotes, ne peut imposer aux patrons de telles obligations sans violer et altérer le principe, le texte, l'esprit de la loi au point de vue du bénéficiaire tel que le conçoit l'article 2 du règlement.

Aussi s'inspirant de la définition exprimée par cet article, le Ministre de l'Intérieur a considéré comme devant profiter des avantages de la loi les mariniers, mécaniciens, chauffeurs et autres personnes travaillant à bord des navires, ainsi que l'avait d'ailleurs jugé le tribunal de Burgos, et a fait sanctionner par l'Autorité Royale son avis conforme à celui de la commission des réformes sociales par l'ordonnance du 12 mai 1903.

Sans vouloir apprécier les motifs qui ont fait écarter du bénéfice de la loi du 30 janvier 1900 les capitaines et pilotes qui, pourtant, à leur bord, ne sont que les représentants officiels et salariés des entreprises de navigation ou des armateurs, au même titre que les directeurs des usines appartenant à des sociétés anonymes, et jouissent par conséquent d'une autorité égale, en tant que chef de personnel, à celle d'un capitaine ou d'un pilote sur les hommes de l'équipage de son navire, nous ne pouvons nous dispenser de constater que cette ordonnance royale soulève une objection dont la réfutation n'apparaît pas à première vue.

Le Code de commerce espagnol, par son article 644, met à la charge de l'armateur des frais et indemnités analogues à celles im posées à l'armateur français par l'article 262 de notre Code de commerce lorsqu'un accident survient à un homme inscrit sur le rôle d'équipage du navire.

Si, en France, aucune difficulté ne peut, en pratique, se présenter, l'industrie du transport maritime étant nettement laissée en dehors du domaine de l'application de notre loi ouvrière du 9 avril 1898, ainsi que l'a formellement déclaré la Cour de cassation à l'égard des inscrits et des non-inscrits maritimes, il n'en est pas de même en Espagne, attendu qu'un homme d'équipage victime d'un accident du travail peut, à son choix et selon ses intérêts, réclamer, dans l'état actuel de la législation espagnole, soit le bénéfice de la loi du 30 janvier 1900, soit les indemnités de l'article 644 du Code de commerce : en cas d'incapacité temporaire, son intérêt lui fera sans doute préférer l'article 644 aux termes duquel il a droit, en outre des frais de rapatriement, à son salaire intégral, tandis que l'article 4, § 1 de la loi du 30 janvier 1900 ne lui alloue, dans le même cas, qu'une indemnité égale à la moitié de son salaire.

Il y a, sur ce point, évidemment, entre l'ordonnance royale du 12 mai 1903 et le Code de commerce, une incompatibilité que les pouvoirs publics espagnols ne manqueront pas de faire cesser dans l'intérêt général.

Il résulte de ce qui précède que seuls les marins attachés aux navires de commerce peuvent prétendre au bénéfice de la loi du 30 janvier 1900.

Les indemnités accordées aux victimes d'accidents sont les suivantes :

1° Si l'accident a produit une *incapacité temporaire*, l'armateur servira à la victime une indemnité égale à la moitié de son salaire journalier depuis le jour de l'accident jusqu'au jour où il sera en condition de retourner au travail (sauf, pour nous, les réserves insérées plus haut).

Si, au bout d'un an, l'incapacité n'a pas cessé, l'indemnité se réglerait d'après les dispositions relatives à l'incapacité permanente;

2° Si l'accident a produit une *incapacité permanente et absolue* de tout travail, le patron devra verser à la victime une indemnité égale au salaire de deux années; mais si l'incapacité se rapporte à la profession habituelle, sans empêcher l'ouvrier de se livrer à un autre genre de travail, l'indemnité ne sera égale qu'à 18 mois de salaire;

3° Si l'accident a produit une *incapacité partielle*, bien que permanente pour la profession ou sorte de travail auquel s'employait l'ouvrier, le patron devra assigner à l'ouvrier, avec rémunération égale, un autre travail compatible avec son état ou lui remettre une indemnité égale à un an de salaire, cela au choix du patron.

Le patron devra également fournir à l'ouvrier l'assistance médicale et les médicaments jusqu'à ce qu'il se trouve en état de reprendre le travail, ou que, par certificat médical, il soit déclaré compris dans les cas définis aux nos 2 et 3 du présent article, et qu'il n'ait plus besoin de ladite assistance ; les médecins et les pharmaciens seront au choix du patron.

Les indemnités pour incapacité permanente définies aux nos 2 et 3 seront indépendantes de celles fixées au no 1 pour le cas d'incapacité temporaire.

4° Si l'accident produit la *mort de l'ouvrier*, le patron doit supporter les frais d'enterrement, ceux-ci n'excédant pas 100 pesetas et, en plus, indemniser la veuve, les descendants légitimes n'ayant pas 16 ans et les ascendants, dans la forme et la quotité qu'établissent les dispositions suivantes :

a) Une somme égale au salaire moyen journalier de deux ans dont jouissait la victime, quand celle-ci laissera une veuve et des enfants ou petits-enfants orphelins se trouvant à sa charge ;

b) Une somme égale à 18 mois de salaire, si elle laisse seulement des enfants ou des petits-enfants ;

c) Une somme égale à une année de salaire à la veuve sans enfants ou autres descendants du défunt ;

d) Dix mois de salaire aux parents ou grands-parents de la victime, si elle n'a laissé ni veuve ni descendants et si ses parents ou grands-parents sont sexagénaires et sans ressources, toutes les fois qu'ils seront au moins deux. Dans le cas où il n'en resterait qu'un, l'indemnité serait de 6 mois du salaire que percevait la victime ;

e) Les indemnités déterminées par cette loi seront augmentées d'une moitié de leur quotité, quand l'accident sera survenu dans un établissement, ou au cours de travaux, dans lesquels les machines ou appareils n'ont pas été pourvus des appareils de précaution dont s'occupent les articles 6, 7, 8, 9.

L'assurance peut se contracter auprès de Compagnies d'assurances agréées par l'État après dépôt d'un cautionnement et formalités à remplir.

L'Espagne n'a point encore préparé de dispositions légales spéciales en faveur des pêcheurs (1).

Finlande

La loi finlandaise sur les gens de mer du 9 juin 1873 disposait que
tout marin, qui, au cours de son service, tombait malade ou était
victime d'un accident, avait droit au salaire, à la subsistance, aux
soins médicaux et aux médicaments, pendant la durée de son
séjour à bord.

Lorsqu'il venait à être débarqué, le capitaine devait pourvoir à
son traitement pendant une période de deux mois au plus.

Tous les gens de mer devaient aussi être affiliés à une Caisse
commune de rentes viagères et de pensions subventionnées par
l'État.

Cette loi était insuffisante. Dès 1897, le Gouvernement s'occupa
de préparer l'assurance des gens de mer. Son projet fut présenté
le 20 janvier 1900 ; il devint la loi du 23 janvier 1902.

Le projet de loi était basé sur l'application aux gens de mer, à
l'exception de certaines personnes du bord (apprentis, restaurateurs) du régime institué par la loi du 5 décembre 1895 pour les
ouvriers de l'industrie. Il comprenait encore l'obligation de l'assurance qui n'était plus facultative et devait être contractée auprès
d'un établissement d'assurance mutuelle, créé par les armateurs
intéressés.

La loi du 23 janvier 1902 édicte en principe (art. 1er § 1) l'application aux gens de mer, en cas d'accident du travail, du régime
institué pour les ouvriers de l'industrie par la loi du 5 décembre 1895.

Elle comprend, sous le nom de *gens de mer* le personnel de
l'équipage de tout navire finlandais qui, d'après la législation en
vigueur, doit être commandé par un capitaine pourvu d'un brevet
(art. 1er § 1, *in fine*). Elle exclut de l'équipage (art. 1er § 3) :

1° Les personnes, désignées sous le nom d'apprentis, qui accompagnent le navire pour leur propre instruction et ne reçoivent
aucune rémunération ;

2° Les restaurateurs qui assurent l'alimentation à bord à titre
d'entreprise particulière, ainsi que le personnel qu'ils emploient.

La loi relative aux gens de mer, à la différence de la loi relative
aux ouvriers de l'industrie, vise non les accidents de travail, mais
les accidents de service (art. 1er § 1). Cette expression plus générale

---

(1) Extrait de l'ouvrage de M. Deléarde sur la législation espagnole contre les
accidents du travail. (Paris, 55, rue de Châteaudun, 1904).

est conforme à la nature de l'engagement des marins; toutefois comme la durée de cet engagement a pour limites la revue d'embarquement et la revue de débarquement, il a paru nécessaire d'exclure de toute réparation non seulement l'accident dû à l'intention ou à la négligence grave de la victime ou à l'intention d'une personne étrangère à la direction du service, mais encore l'accident survenu pendant que le marin a quitté le navire, soit à l'occasion d'un congé, soit sans permission (art. 1er § 2).

Les obligations du patron, sous le régime de la loi industrielle, incombent à l'armateur sous l'empire de la loi maritime (art. 6.), à l'exception de celles qui visent la déclaration d'accident et la tenue du registre des salaires, obligations qui doivent être remplies par le capitaine.

En cas de disparition du marin, le droit de sa femme et des enfants s'ouvre ;

1° Lorsqu'aucune nouvelle n'a été reçue ni du marin, ni du navire pendant une période d'une durée double de celle que la législation finlandaise fixe relativement au droit d'abandonner à l'assureur l'objet assuré dont aucune nouvelle n'est reçue;

2° Lorsque le navire a fait naufrage et qu'aucune nouvelle permettant de croire à l'existence du marin n'a été reçue dans l'année qui suit le naufrage.

L'indemnité est alors calculée à dater du jour du naufrage ou de la réception des dernières nouvelles du navire (art. 3, § 2).

Cette indemnité est fixée au moyen d'une rente viagère calculée à raison de 20 % du salaire annuel de la victime, et, à chaque enfant jusqu'à l'âge de 15 ans révolus à raison de 10 % du même salaire s'il est orphelin de père, et de 20 % s'il est orphelin de père et de mère.

Toutefois, la valeur totale des rentes dues à la veuve et aux enfants ne peut dépasser 40 % du salaire annuel de la victime. Le salaire de base de cette indemnité est celui que le blessé a gagné dans la précédente année, sans qu'il puisse être évalué à plus de 720 marks. Si le salaire annuel est inférieur à 300 marks, ce chiffre doit être pris pour base du calcul de l'indemnité.

Si l'accident entraîne une *incapacité de travail permanente totale ou partielle,* le blessé reçoit à dater du jour de la guérison de ce dommage une indemnité égale, en cas d'incapacité totale, à 60 % de son salaire annuel antérieur et, en cas d'incapacité partielle, une fraction évaluée d'après la réduction de l'incapacité de travail, de l'indemnité prévue en cas d'incapacité totale.

Lorsque l'indemnité est inférieure à 20 marks par an, elle peut d'un commun accord des intéressés, être remplacée par une somme payée une fois pour toutes.

Le salaire, servant de base au calcul de l'indemnité en cas d'incapacité de travail permanente, s'établit comme pour le cas de mort.

Si l'accident entraîne une *incapacité temporaire totale de travail* blessé reçoit, à dater du début du 7ᵉ jour consécutif à l'accident, une indemnité égale à 60 % de son salaire quotidien moyen, mais sans dépasser 2 marks 50 par jour.

Si l'accident entraîne une *incapacité temporaire partielle*, l'allocation doit être une fraction de l'indemnité définie au paragraphe précédent, calculée d'après la réduction de l'incapacité de travail.

Le salaire quotidien moyen est déterminé en divisant par 360 le salaire de la victime pendant l'année qui a précédé l'accident.

La loi du 23 janvier 1903, comprend en outre, une série de dispositions spéciales relatives à la déclaration et à l'enquête sur l'accident, suivant que celui-ci s'est produit à l'étranger ou dans les eaux danoises, au service des indemnités qui est garanti par une assurance, que les armateurs sont tenus de contracter auprès d'un établissement d'assurance mutuelle qu'ils constituent (rt. 2, § 1).

Enfin, les engagements qui incombent à l'établissement d'assurance sont garantis par un *fonds d'assurance* et par un *fonds de réserve* (1).

Grande-Bretagne.

A notre grand étonnement, cette puissance, la plus importante au point de vue de la marine, n'a pas encore édicté une loi spéciale pour l'assurance des gens de mer. La question a cependant été très souvent agitée au Parlement, mais elle n'a pas encore été résolue, bien que les ouvriers terrestres et les ouvriers agricoles aient été les premiers, par les lois des 7 septembre 1880 et 6 août 1897, et les seconds, par une loi du 30 juillet 1900, favorisés d'une assurance spéciale.

Cependant, les marins jouissent, par les lois maritimes, d'avan-

(1) Voir la traduction de la loi du 23 janvier 1902, Bellom, *Assurance contre les accidents*, livre II. 6ᵉ Partie Annexes nᵒ 15 et 16. — Voir encore Bellom, 4ᵉ partie, page 1982 et 5ᵉ partie, page 2,854 et suivantes.

tages spéciaux dans les cas où ils sont blessés au service du navire, et aussi des frais de rapatriement s'ils sont laissés dans un pays étranger, avantages analogues aux dispositions de notre Code de commerce; de plus, en cas de responsabilité civile de l'armateur, les lois maritimes disposent que la responsabilité de ce dernier ne peut être supérieure à une somme calculée à raison de 8 livres par tonne de jauge.

Cependant, ces avantages n'ont pas paru suffisants à plusieurs membres du Parlement, et même au gouvernement. C'est ainsi que le 2 février 1893, le gouvernement présenta un projet relatif à la responsabilité des patrons s'appliquant à toutes les classes de travailleurs, y compris les gens de mer; ce projet admis par la Chambre des Communes fut transmis à la Chambre des lords, et fut ensuite abandonné. Le 8 février 1895, plusieurs membres de la Chambre des Communes, notamment M. Chamberlain, présentèrent une proposition de loi sur la réparation des accidents dont les ouvriers sont victimes au cours de leur travail, devant s'appliquer entre autres catégories de travailleurs, à toute personne servant à bord d'un navire anglais autrement qu'en qualité de capitaine, d'officier, d'ingénieur, de comptable ou de maître d'hôtel. Ce texte est demeuré à l'état de proposition.

Postérieurement à ce projet, le 26 janvier 1897, un certain nombre de parlementaires présentèrent à la Chambre des Communes une proposition de loi relative à la responsabilité des armateurs étrangers, en cas d'accident. Cette proposition ne fut pas davantage examinée.

Le 2 février 1897, une nouvelle proposition résumant tous les projets précédents, fut également déposée à la Chambre des Communes; elle devait s'étendre à toute personne servant à bord d'un navire, mais avec les exceptions prévues au projet du 8 février 1895. Ce texte ne fut également suivi d'aucun effet.

Le 28 février 1899, fut déposé à la Chambre des Communes un nouveau projet devant modifier la loi de 1897 et visant les marins à l'exclusion des membres de l'équipage d'un bateau de pêche qui, sans être co-propriétaires du bateau, sont associés à la fortune du patron. Cette nouvelle proposition resta également sans suite. Le 20 février 1901, un autre projet qui portait modification de la loi de 1897 et étendait ses effets à tout genre de travail effectué dans le Royaume-Uni ou sur un navire anglais, fut déposé à la Chambre des Communes.

Enfin, le 7 mars 1903, un dernier projet fut présenté à la Chambre des Communes qui étendait l'application de la loi de 1897 aux bateaux à propulsion mécanique d'un tonnage minimum de 50 registertons et à tous autres bateaux d'un tonnage minimum de 100 registertons. Ces deux derniers projets n'ont pas eu plus de succès que les précédents (1).

Grèce.

La réparation des accidents du travail n'a été, de la part du législateur grec, l'objet de dispositions dérogatoires au droit commun, qu'en ce qui concerne le personnel des mines, minières, carrières et établissements métallurgiques et d'industries annexes placé sous le régime de la loi du 21 février 1901

Nous ne savons si le personnel maritime est l'objet dans la législation du droit commun, de dispositions spéciales : nous n'avons pu trouver aucune documentation à ce sujet.

Italie.

L'Italie n'a pas une législation spéciale pour les marins. Ils sont compris dans la loi sur les accidents terrestres qui contient certaines dispositions spéciales aux transports maritimes.

La loi italienne sur les accidents du travail date du 17 mars 1898 ; mais dès le 8 juin 1901, M. Zanardelli, alors Président du Conseil, présenta à la Chambre des députés un projet modificatif.

Ce projet étendait, entre autres choses, l'obligation de l'assurance aux *entreprises de navigation maritime*, y compris la pêche maritime illimitée.

Il était nécessaire d'insister sur ce point, parce que le Code italien de la marine marchande distingue, dans son article 139 : 1° La pêche *limitée*, qui s'effectue dans les eaux italiennes à l'intérieur des limites du district de pêche, auquel appartient le bateau ;

2° La pêche *illimitée* qui s'effectue à l'étranger ou dans les eaux italiennes, à l'extérieur des limites du district précité.

Après des perturbations assez nombreuses, le projet de M. Zanardelli, modifié, remanié, revint devant le Sénat qui l'adopta le 3 avril 1903, puis devant la Chambre des Députés qui adopta le texte du Sénat, le 28 juin 1903. Ce texte fut promulgué le lendemain et devint la loi du 29 juin 1903, qui est aujourd'hui en vigueur.

---

(1) Voir Bellom *Les lois d'Assurance ouvrière*, Tome II (2e, 3e, 4e et 5e parties).

Cette loi porte plusieurs modifications à la loi sur les accidents du travail du 17 mars 1898, et contient dans son titre II toutes les dispositions spéciales aux transports maritimes. Dans son article 1er, cette loi stipule qu'elle est applicable aux entreprises de navigation maritimes, y compris celles qui s'occupent de pêche au delà de 10 kilomètres de rivage, et celles des éponges et du corail.

Cette loi du 29 juin 1903 définit :

1° *Ouvrier*, toute personne faisant partie de l'équipage d'un navire battant pavillon italien, à l'exception du pilote habituel et des personnes dont le salaire ou le traitement excède 2,100 lires par an (art. 18, § 1);

2° *Entrepreneur*, l'armateur ou ceux qui sont reconnus comme tels par la loi (art. 18, § 2) (1).

La loi du 29 juin 1903 impose l'obligation de l'assurance, mais elle ne dispense pas de l'allocation des soins et du payement du salaire dans les conditions définies par les articles 537 et 539 du Code de commerce italien (art. 19, § 1). Or, aux termes de l'article 537, le marin blessé au service du navire, ou au service du navire et de la cargaison, reçoit à titre gratuit, les soins médicaux et les médicaments aux frais du navire ou aux frais du navire et de la cargaison; et, lorsque les nécessités du traitement exigent son débarquement, le blessé a droit à la gratuité des soins et au salaire pendant une durée maxima de quatre mois, à compter du débarquement, afin de consacrer, à la date de l'expiration de ces allocations, le droit du blessé, au bénéfice de la loi des accidents; le projet spécifiait que cette date serait l'origine de l'indemnité d'incapacité temporaire. Quant à la disposition précitée de l'article 539, elle détermine les cas et conditions de l'exercice du droit des héritiers au salaire de la victime décédée pendant le voyage. C'est la même disposition que celle contenue dans notre Code de commerce (art. 262 et suivants).

Ce n'est donc qu'après que l'armateur a satisfait aux obligations des articles 537 et 539 du Code de commerce qu'il est tenu aux indemnités de la loi.

Le taux des indemnités est le suivant :

a) En cas d'*incapacité permanente totale*, l'indemnité est égale à quatre fois le salaire annuel, sans pouvoir être inférieur à 2,000 lires.

b) En cas d'*incapacité permanente partielle*, l'indemnité est égale à

---

(1) Voir le texte de la loi du 29 juin 1903, Bellom, *Assurance contre les accidents*, livre II, 6e partie, annexe n° 27, pages 3,737 et suivantes, et 5e partie, page 2,934 et suivantes.

quatre fois la somme dont le salaire annuel a été ou peut être réduit : un minimum de 500 lires est assigné au salaire annuel de base.

c). En cas d'*incapacité temporaire*, l'indemnité journalière prévue pour les ouvriers en général, par la loi de 1903, est payée, dans les cas visés par l'article 537 du Code de commerce italien, à dater du jour où cesse le payement du salaire dû, en vertu de ce dernier article. (Loi de 1903, art. 19, § 2.)

d) En cas *de décès*, l'indemnité est égale à trois fois le salaire annuel. Nous devons faire remarquer que ces indemnités sont inférieures à celles allouées aux ouvriers terrestres : ceux-ci ont droit respectivement à six fois le salaire annuel au lieu de quatre fois par le cas (*a*) ; six fois également par le cas (*b*) ; cinq fois par le cas (*d*).

L'indemnité est due (art. 21) lors même que l'accident est survenu pendant le voyage de retour et que ce voyage, pour une cause indépendante de la volonté du marin, s'est effectué par voie de terre ou sur un navire différent de celui sur lequel le marin était enrôlé.

L'obligation de l'avis d'accident incombe au capitaine ou patron du navire, qui dresse un procès-verbal des circonstances de l'accident et en fait mention sur le journal de bord (art. 22).

Le procès-verbal, signé de deux témoins et du médecin du bord, est joint à l'avis d'accident.

Les dispositions de cette loi sont complétées par celles contenues dans le titre IX (art. 124 à 130) du règlement du 31 janvier 1904, rendu pour l'exécution de la loi.

D'après ce règlement, le salaire journalier des gens de mer enrôlés par voyage s'établit en divisant la somme inscrite sur le rôle d'équipage comme rétribution du voyage, les provisions comprises, par les jours qu'aura durés le voyage.

Si le voyage a été interrompu, on prendra comme diviseur le nombre de jours de la durée présumée du voyage, et cette durée sera, par les soins de l'officier du port, annotée dans le livret matricule du navire et dans le rôle d'équipage du voyage.

Le salaire annuel est égal à 300 fois le salaire quotidien ainsi déterminé ; la valeur de la nourriture, provision, doit être spécifiée sur les rôles d'équipage suivant les conditions de l'enrôlement et suivant les usages locaux.

Le naufrage est compris parmi les causes d'accident donnant droit à l'indemnité, comme cela se fait en Allemagne.

Norvège

La Norvège a institué une assurance obligatoire d'État au profit des ouvriers terrestres, par une loi du 27 février 1894; cette loi a été successivement modifiée par les lois du 6 août 1897 et 23 décembre 1899. Mais elle ne prévoit aucune disposition concernant les gens de mer, seules les opérations de sauvetage y sont assujetties. Cependant, aux termes de l'article 39 de la loi fondamentale, il est permis de contracter, pour les ouvriers des exploitations non assujetties à l'obligation de l'assurance, une assurance volontaire auprès de l'établissement de l'assurance, sous réserve de l'observation des règles qui sont fixées par le Roi. Ce n'est donc qu'en vertu de cette disposition que les armateurs pourraient donner à leur personnel les avantages de la loi de l'assurance.

Cependant des lois maritimes ont donné quelques avantages aux marins :

1° La loi maritime du 20 juillet 1893, dans son article 90, prévoit que le capitaine doit faire donner à tout marin malade ou blessé les soins nécessaires à bord ou à terre ; toutefois, dans le cas d'incapacité de travail de longue durée, le marin peut être congédié immédiatement et confié, s'il est possible, à l'étranger, au consul local. Aux termes du même texte, si le marin est congédié par suite d'une maladie ou d'une blessure qui résulte de sa propre faute, il n'a droit à son salaire que pour la durée du service qu'il a fourni, déduction faite des frais du traitement ; s'il n'est pas congédié, il n'a droit à aucun salaire pour le temps pendant lequel il n'a pas fait son service, et il supporte lui-même les frais de son traitement ; le marin qui, en toute autre circonstance, tombe malade ou est blessé, a droit, quand il n'est pas congédié, à l'intégralité de son salaire pendant la maladie et aux soins nécessaires imputés au compte de l'armement ; mais, lorsqu'il est congédié, il a droit à son salaire jusqu'au jour du congédiement ou, si le congédiement n'a pas eu lieu jusqu'au jour du départ du navire ; il a droit, en outre, au traitement, aux frais de l'armement, pendant quatre semaines s'il se trouve soit en Norvège, soit dans un port étranger où il pourrait être congédié conformément au contrat d'engagement, et, dans les autres cas, pendant douze semaines, à dater du jour du congédiement ou, si le congédiement n'a pas eu lieu, à compter du jour du départ du navire. A défaut de consul norvégien à qui le malade puisse être confié ; les avances que le capitaine peut être obligé de faire pour le traitement du marin et qui ne sont pas à la charge de l'armement, peuvent être réclamées à l'Etat par le capitaine, à titre de remboursement, sans qu'aucun recours soit ouvert au marin contre l'Etat. L'article 98 de la même loi pose, d'ailleurs, le principe que le marin, laissé malade dans un port étranger, doit être rapatrié aux frais de l'armateur (1).

Pays-Bas

Les Conseils de la jeune reine Wilhelmine ont présenté, dans le courant de cette année, à la 2ᵉ Chambre des Etats-Généraux, un projet de loi ayant pour objet : l'Assurance de personnes s'occupant de pêche maritime, contre les suites pécuniaires d'accidents professionnels.

Nous exposons ici les données principales de ce projet qui a été préparé avec grand soin, qui ne comprend pas moins de 151 articles, et dont nous devons la traduction à l'amabilité de M. Ittmann, le sympathique directeur de la Compagnie *La Société générale Néerlandaise*, compagnie d'assurance sur la vie, membre correspondant de la Société l'*Enseignement professionnel et technique des Pêches maritimes*, et nous sommes heureux de lui en témoigner ici nos bien vifs remerciements.

Aux termes de ce projet, seront assurés contre les suites pécuniaires d'accidents professionnels :

1° L'ouvrier en pêche maritime ;

2° Le patron qui s'occupe de pêche maritime, soit sans bateau de pêche soit avec un seul bateau de pêche, à bord duquel il travaille personnellement.

Le projet s'applique ensuite à déterminer ce qu'il entend par accident professionnel, par patron, par ouvrier, et ces définitions font l'objet des articles 2 et 3. Nous devons remarquer la précision apportée par les auteurs dans leurs définitions.

Par accident professionnel, cette loi entend un accident arrivé à l'assuré :

1° A l'occasion de l'exercice de la profession ;

2° Pendant un voyage de mer, à l'occasion du sauvetage de marchandises, ou en sauvant ou secourant des personnes qui appartiennent à un autre navire que le bateau pêcheur sur lequel il travaille ;

---

(1) Bellom, *Les Lois d'assurances ouvrières à l'Etranger*. Tome III (2ᵉ partie).

3° Durant le temps pendant lequel il est obligé, par cas de force majeure, au cours d'un voyage en mer, de séjourner ailleurs que sur le bateau pêcheur de son patron ou de son propre bateau, lorsque l'accident :

a) Se rapporte à l'exécution de quelque instruction qui lui serait donnée par ou au nom du commandant du navire qui l'a recueilli ou au sauvetage de marchandises ou de personnes, pendant son séjour à bord de ce navire ;

b) Lui arrive après le terme, en ce qui le concerne, du voyage du navire qui l'a recueilli aussi longtemps qu'il est, par la route indiquée en voyage de retour vers la commune néerlandaise d'où est parti le bateau pêcheur, sur lequel il travaillait au moment où le cas de force majeure s'est produit, ou vers son domicile, pourvu que celui-ci soit situé dans les Pays-Bas.

Ainsi donc, l'ouvrier maritime qui est assuré, ne l'est pas seulement pour les accidents qui lui sont survenus à l'occasion de l'exercice de sa profession, mais encore dans un grand nombre de cas prévus par le législateur et qui sont une extension considérable de l'application de la loi.

Pour l'application de cette loi, on entend :

Par PATRON : chacun, personne naturelle ou judiciaire (nous dirions morale) qui en occupe d'autres à son service pour l'exercice de la profession de pêcheur maritime, ou toute personne naturelle qui exerce cette profession pour son propre compte (art. 3, 1°).

Par OUVRIER : celui qui s'occupe, moyennant salaire, au service du patron dans l'entreprise ou l'installation de ce dernier (art. 3, 2°).

Par PÊCHEUR MARITIME : *l'ouvrier* qui a été embauché pour faire partie de l'équipage d'un bateau pêcheur ou qui s'occupe de pêcherie maritime à bord d'un bateau pêcheur, *et le patron* qui exerce la profession de pêcheur maritime avec un seul bateau pêcheur à bord duquel il travaille lui-même (art. 5).

Par LA PROFESSION DU PÊCHEUR MARITIME : la profession de :

1° prendre du poisson ;

2° prendre des mollusques ou crustacés ;

3° pêcher des coquillages ;

4° attraper ou tuer des phoques ;

5° recueillir des algues ;

6° acheter en gros ou faire le transport de poisson par bateau, tant que cette profession est exercée en pleine mer, sur le Zuiderzée, le long des côtes de la Frise et de Groningue, et dans quelques autres cas indiqués au texte (art. 6).

Le texte du projet reprenant ensuite chacun des mots des définitions ci-dessus, entre alors dans des détails précis pour indiquer ce qu'il entend par travaux faits au profit de la pêche maritime, et au service d'une exploration scientifique, par bateau pêcheur, par voyage en mer, l'époque à laquelle il est censé commencer, celle à laquelle il se termine, par salaire de l'ouvrier et salaire du patron. Il comprend bien en ce cas tout ce qui représente le salaire, non seulement ce qui est payé en argent à l'ouvrier, mais encore la représentation de son logement, nourriture, etc. Par salaire, on entend : le revenu de l'assuré provenant de la profession de la pêche maritime ; si le salaire consiste partiellement ou totalement en logement, en fournitures ou bien dans les deux, la valeur pécuniaire en est estimée d'après le cours au lieu de la distribution (art. 14).

De même, le salaire du patron qui travaille comme pêcheur maritime est censé être égal au salaire de l'ouvrier qui occupe le plus haut rang comme pêcheur, dans le même ou semblable métier, à bord d'un bateau pêcheur semblable à celui du patron susvisé (art. 15).

Nous apprenons ensuite comment s'établira le salaire d'un ouvrier, d'un apprenti, les registres que doit tenir le patron, les copies qu'il a à fournir à la banque d'assurances de l'État, etc.

Les auteurs du projet ont, on le voit, examiné avec le plus grand détail, les conditions d'application de la loi, afin d'éviter dans la plus large mesure du possible les difficultés et les discussions sur l'interprétation de son texte.

L'exécution de l'assurance est confiée à la Banque d'assurances de l'État, organisée par la loi de 1901, sur les accidents professionnels.

Les indemnités à allouer aux victimes sont les suivantes :

A. — Les victimes qui ne sont pas déjà assurées pour leur propre compte contre la maladie ont droit :

I. A une indemnité médicale qui leur est due à partir du jour de l'accident et comprend : a) des soins médicaux ou chirurgicaux ou leur rétribution ;

b) des médicaments et pansements ou moyens artificiels nécessaires pour atténuer les conséquences de l'accident (art. 25).

IIº une remise pécuniaire ou subvention qui est due selon les règles et dans les cas établis par les articles 27 à 56.

Cette remise ou subvention pécuniaire est de plusieurs espèces selon le cas ; elle peut être :

a) Une subvention unique ;

b) Une subvention temporaire ;

ρ) Une rente ;

d) Une rente provisoire (destinée à permettre d'attendre qu'un état définitif se soit manifesté chez le blessé afin d'établir la rente définitive.

B. — Les victimes qui sont déjà assurées pour leur propre compte contre la maladie, ont droit (art. 57 et 58) :

I. A l'indemnité médicale comprenant les soins médicaux et les médicaments de l'article 25 (voir ci-dessus), mais seulement à partir du 92ᵉ jour après l'accident ;

II. A une rente pendant la durée de l'incapacité partielle ou totale, mais avec cette stipulation que si la rente due à l'assuré par son assurance personnelle venait à cesser de lui être payée avant le 92ᵉ jour, il aurait droit dès le lendemain de la cessation de la rente, aux indemnités de la nouvelle loi, tout comme dans la loi allemande.

Dans le titre III du projet de loi, les auteurs déterminent de quelle manière seront perçues les indemnités, soit par les victimes elles-mêmes, soit par leurs représentants, veuves, ascendants ou enfants.

Si l'assuré vient à décéder des suites d'un accident professionnel, la Banque d'assurances paye les indemnités suivantes :

a) Pour frais des funérailles, lorsque l'enterrement a lieu à terre, 30 fois la journée du défunt à remettre au membre de la famille qui a droit à une rente et a fait le nécessaire pour l'enterrement, à défaut à celui qui a supporté les frais des funérailles ;

b) Une rente ou une rente provisoire à la famille du défunt à compter du jour du décès (art. 60).

Notons ici que l'article 62 déclare que la rente ou la rente provisoire se paye par jour, sans compter les dimanches et jours de fêtes chrétiennes généralement reconnues :

Pour la veuve, jusqu'à sa mort ou son prochain mariage, 30 % de la journée du défunt ;

Pour l'homme, époux de la défunte au moment de l'accident, si celle-ci était son pourvoyeur, jusqu'à sa mort ou son mariage, la somme pour laquelle la défunte contribuait à l'existence du ménage, mais pas plus que 30 % ;

Pour chaque enfant légitime 15 %; si l'enfant devient ou est orphelin 20 %;

Pour l'enfant naturel légalement reconnu, pour les parents, ou à défaut les grands-parents, pour les beaux-parents du défunt, si la victime était leur pourvoyeur, sa part contributive, mais sans pouvoir dépasser 30 %.

Si la veuve se remarie, elle perd son droit à la rente, mais touche à titre de rachat de sa rente une somme unique représentant 2 annuités de rente (art. 63).

Le projet de loi impose au patron l'obligation à l'assurance. Cette disposition fait l'objet du chapitre IV; et pour tenir le patron, le législateur lui impose la déclaration de sa profession à faire en double et contre récépissé, dans le bureau de poste de son domicile. C'est la Banque d'assurances de l'Etat qui est chargée de surveiller les renseignements fournis par le patron et d'exiger des déclarations rectificatives s'il y a lieu.

Le chapitre V traite des moyens de couvrir les dépenses.

Le moyen est unique, c'est la cotisation des patrons, soit qu'ils s'exécutent d'après les règles du système à prime des art. 83 à 84 inclusivement, soit qu'ils se conforment aux art. 95 à 103.

Le premier système comprend un tableau indiquant la prime par florin de salaire journalier à payer par chaque genre d'accident.

Le deuxième système consiste à laisser le patron supporter lui-même le risque de l'assurance de ses ouvriers en s'assurant directement à une compagnie d'assurances et à condition de fournir une caution (art. 95).

Le projet examine ensuite le mode de déclaration et d'examen de l'accident (chap. VI), le droit pour la victime ou ses représentants de se pourvoir devant les tribunaux pour obtenir le paiement de la rente qui leur est due, et lui donne un délai d'un an à compter du jour de l'accident pour réclamer en justice ce qui lui est dû (chap. VII) la procédure de l'appel (chap. VIII), la surveillance des établissements et des mesures à prendre pour l'exercice de cette surveillance, mesures qui seront édictées par un règlement d'administration publique (chap. IX).

Nous devons appeler tout particulièrement l'attention sur le chapitre X qui traite de l'influence de l'assurance sur le droit civil. L'article 134 du projet établit formellement que la responsabilité civile du patron pour le dommage pécuniaire qui est la conséquence d'un accident disparaît, sauf lorsque l'ouvrier reçoit un salaire de plus de 4 florins par jour; en ce cas, la responsabilité subsiste, mais le juge doit tenir compte dans la fixation et l'indemnité de ce que le patron paye déjà par application de cette loi.

Tel est le projet de loi qui a été présenté; il n'est pas à notre connaissance qu'il ait été admis et promulgué, mais il est si important et encore inconnu que nous avons voulu en faire une analyse un peu complète.

Portugal

Ce pays n'a point encore élaboré de loi concernant les accidents du travail.

Cependant comme dans presque toutes les puissances Européennes le Code de commerce portugais du 28 juin 1888 dispose, dans son article 529, que le marin qui, pendant le voyage tombe malade ou est blessé au service du navire, a droit à l'intégralité de son salaire pendant toute la durée de son incapacité de travail, et, en outre, aux soins nécessaires imputés au compte du navire; si le service, au cours duquel il a été blessé, avait pour objet, le sauvetage du navire, les soins sont imputés au compte du navire et de la cargaison. Si le traitement a lieu à terre, le capitaine doit remettre à l'agent consulaire portugais, la somme nécessaire pour le traitement et le rapatriement du marin; à défaut d'agent consulaire portugais, le capitaine doit faire admettre le marin dans un hôpital moyennant l'avance des fonds nécessaires au traitement. Le marin, qui a été débarqué pour être soigné, n'a droit au traitement et au salaire que pendant quatre mois. Aux termes de l'article 530 du même Code, si la maladie ou la blessure résulte de la faute du marin ou survient pendant qu'il se trouve à terre sans autorisation les frais du traitement restent à sa charge; toutefois, le capitaine doit en faire l'avance lorsque le marin l'exige; si d'ailleurs le traitement oblige à débarquer le marin, le capitaine procède conformément aux dispositions de l'article 529, sous réserve du droit au remboursement de ses avances; le salaire n'est du reste en pareil cas alloué au marin que pour la durée de son service effectif.

En outre la victime peut invoquer la responsabilité des armateurs visée aux articles 2372 et 2398 du Code civil s'il peut prouver la faute de l'armateur ou celle de ses agents; la responsabilité existe, que ces dommages résultent d'actes contraires aux règlements ou de la négligence volontaire apportée dans l'observation desdits règlements; mais elle est atténuée en cas de faute ou de négligence de la victime (1).

Russie

La loi sur les indemnités auxquelles ont droit en cas d'accidents les ouvriers et employés des entreprises industrielles métallurgiques et minières ainsi que les membres de leur famille rendue exécutoire par la sanction de S. M. Impériale le 2 juin 1903 ne s'applique pas, d'après l'avis du Conseil de l'Empire, aux entreprises de l'Etat, aux ateliers et établissements industriels divers des entreprises privées de chemin de fer et de *navigation à vapeur* (2).

Toutefois, à la fin de son avis, le Conseil de l'Empire prévoit que les entreprises ci-dessus dénommées seront dans le délai d'un an soumises à l'application de la loi sur les accidents mais avec les modifications et additions nécessaires qui seront soumises par les Ministres compétents à l'adoption du Conseil de l'Empire.

Il n'a point, à notre connaissance, été encore donné suite à cet engagement du Conseil de l'Empire et les marins naviguant à bord de navires de commerce continueront donc à invoquer les principes du droit commun (absolument analogue à notre droit français) pour obtenir réparation des préjudices qu'ils auront subis : ils poursuivront avec plus ou moins de chances de succès la réparation de tout le dommage, mais à la charge pour eux de prouver qu'il y a faute de l'armateur. Cependant, comme en France, le marin du commerce est traité, pansé et rapatrié aux frais du navire, s'il tombe malade ou est blessé au service du navire, les allocations du salaire sont dues pendant une durée de 4 mois au maximum.

Il n'y a en Russie aucune loi de prévoyance en faveur des pêcheurs.

Suède

Pas plus que la Norvège, la Suède n'a prévu dans la loi spéciale aux accidents du travail en date du 5 juillet 1901 de dispositions relatives aux gens de mer. Ceux-ci ne peuvent donc se prévaloir que de la loi maritime du 12 juin 1891 dont les dispositions sont absolument semblables, même par les numéros des articles, à celles que nous avons énumérées pour la Norvège (3).

---

(1) Bellom *Les lois ouvrières à l'Etranger*, deuxième partie (page 1165.
(2) *Bulletin du Comité permanent du Congrès International des accidents du travail et des assurances sociales* (1903 — pages 526 et suivantes).
(3) Bellom *Les lois d'assurance ouvrière à l'Etranger*, tome II (2e, 4e, 5e et 6e parties).

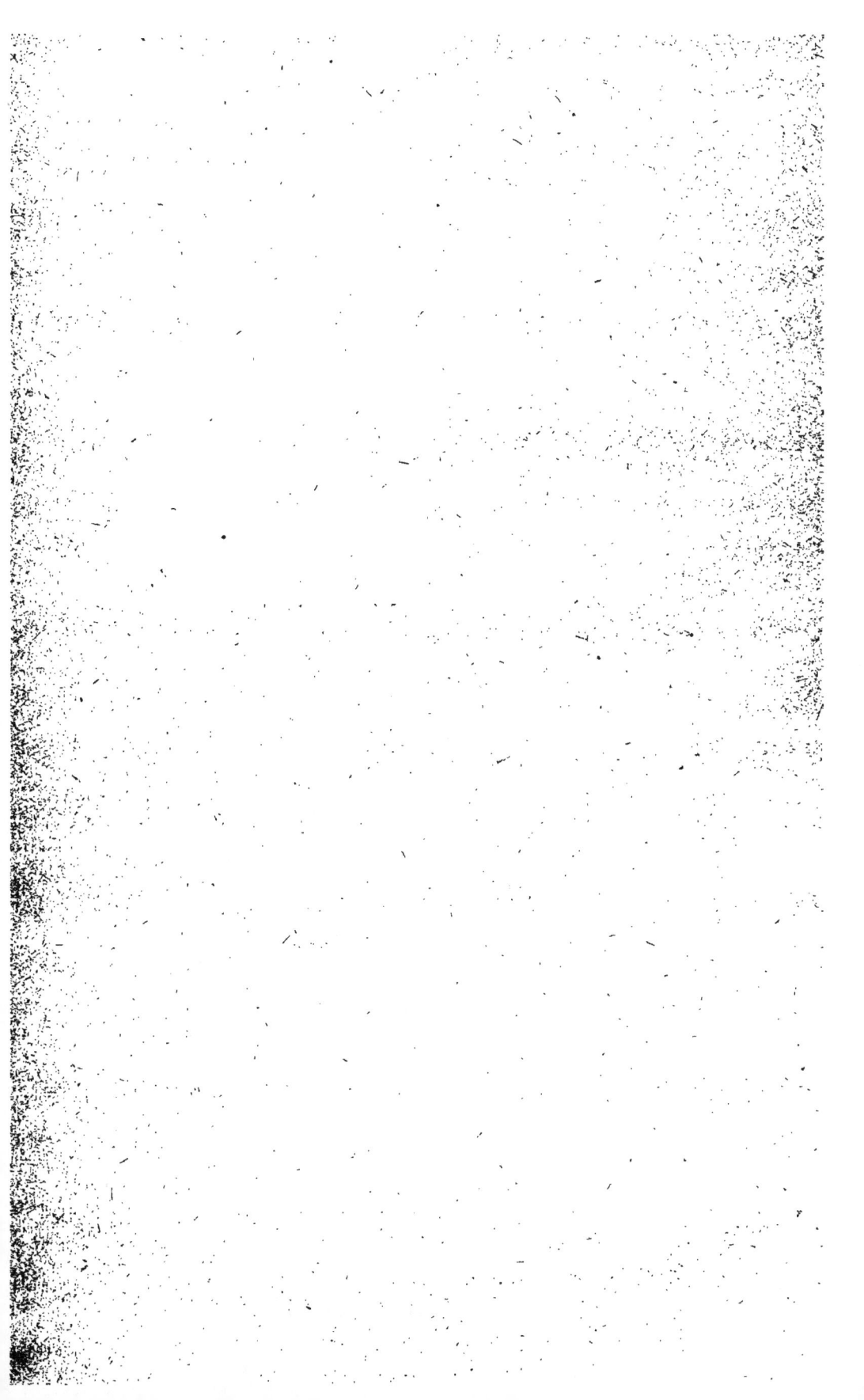

TABLE DES MATIÈRES

www.ingramcontent.com/pod-product-compliance
Lightning Source LLC
Chambersburg PA
CBHW072110090426
42739CB00012B/2915